服务营销

贾亚娟　主审

李　超　张　强　孙　聪　主编

中国言实出版社

图书在版编目(CIP)数据

服务营销 / 李超，张强，孙聪主编. -- 北京 : 中国言实出版社, 2024. 9. -- ISBN 978-7-5171-4962-0

Ⅰ. F713.50

中国国家版本馆CIP数据核字第20241N47A5号

服务营销

责任编辑：王战星
责任校对：代青霞

出版发行：中国言实出版社

地　址：北京市朝阳区北苑路180号加利大厦5号楼105室
邮　编：100101
编辑部：北京市海淀区花园北路35号院9号楼302室
邮　编：100083
电　话：010-64924853（总编室）　010-64924716（发行部）
网　址：www.zgyscbs.cn　电子邮箱：zgyscbs@263.net

经　销：新华书店
印　刷：三河市悦鑫印务有限公司
版　次：2024年9月第1版　2024年9月第1次印刷
规　格：787毫米×1092毫米　1/16　11.75印张
字　数：271千字

定　价：45.00元
书　号：ISBN 978-7-5171-4962-0

前 言

在大数据时代，服务业被赋予了新的内涵。无论是生产性服务业，还是消费性服务业，数字化、社交媒体等新兴技术都为服务营销提供了新的可能性。为了方便教师教学，帮助学生快速理解和掌握服务营销知识，编者按照产教融合的思路，结合高校人才培养方案要求和学生的就业需求，将服务营销的理论与实践融合在一起，编写了《服务营销》。本书具有以下几个特点。

一、立德树人，德技并修

党的二十大报告指出："育人的根本在于立德。"本书以立德树人为根本任务，在讲解知识的同时，将职业道德、职业素养、创新精神、劳动精神等融入课程教学中，引导学生树立正确的价值观和人生观，全面提升学生的综合素养，力求把学生培养成为德才兼备、全面发展的人才。

二、理念创新，课程优化

本书以促进学生发展为导向，帮助学生获得今后走向社会所需要的基本能力，如自主学习能力、团队协作能力、信息收集与处理能力等。此外，本书积极探索模块化教学模式，对课程内容进行了优化整合，注重实训的真实性、针对性、实用性和可操作性。

三、模块清晰，注重实践

本书以岗位职业技能要求为依据，按照学生的认知特点和认知水平进行模块化设计，每个项目均包含"项目导读""学习目标""开篇案例""强化训练""拓展实训""学习成果评价"等模块。

- 项目导读：概述本项目的主要内容，便于学生快速了解本项目将要学习的内容。
- 学习目标：提出学生应达到的素养目标、知识目标和技能目标，使学生有的放矢地开展学习。
- 开篇案例：设置与知识相关的案例，并提出问题，引导学生自己思考、分析并找出答案，激发学生的学习兴趣。
- 强化训练：设置综合测试，包含不定项选择题、判断题、简答题、案例分析题等多种题型，旨在帮助学生检验学习成果，巩固所学知识和技能。

- 拓展实训：通过小组合作、实地调研、情景模拟等丰富的活动形式，让学生亲身感知和体验服务营销的重点理论和操作技能，实现知行合一。
- 学习成果评价：采用自评、师评的方式，从素养、知识、能力、成果4个方面评价学生的学习成果。

此外，本书还在正文中穿插了“课堂讨论”“同步案例”“知识视窗”“服务贴士”等栏目，以丰富课堂教学，提升学生的课堂参与度，拓宽学生的知识面。

四、资源丰富，平台支撑

本书配有丰富的数字资源，构建了线上线下结合的教学模式。学生可以借助手机或其他移动设备扫描二维码观看微课视频，教师可以登录文旌综合教育平台“文旌课堂”查看和下载本书配套资源，如优质课件、教案、“强化训练”答案等。

此外，本书还提供了在线题库，支持“教学作业，一键发布”，教师只需登录“文旌课堂”App，即可迅速选题、一键发布作业、智能批改作业，并查看学生的作业分析报告，提高教学效率，提升教学体验。学生可在线完成作业，巩固所学知识，提高学习效率。

本书由贾亚娟担任主审，李超、张强、孙聪担任主编，王文杰、张云凌、黄甜、李凌云、刘为稳、韦星羽、陈文婷等担任副主编。由于编者水平有限，书中存在的疏漏和不妥之处，诚请广大读者批评指正，以便在今后的修订中进一步完善。

特别说明：

（1）本书在编写过程中，参考了大量资料并引用了部分文章和图片。这些引用的资料大部分已获授权，但由于部分资料来自网络，我们未能确认出处，也暂时无法联系到原作者。对此，我们深表歉意，并欢迎原作者随时与我们联系，我们将按规定支付酬劳。

（2）本书所选案例均来源于真实事件，但为了避免引起不必要的误会，部分人物使用了化名。

（3）本书没有注明资料来源的案例均为编者根据真实事件改编。

本书配套资源下载网址

网址：https://www.wenjingketang.com

目　录

项目五 实施服务分销，进行服务促销

项目一

了解服务营销，夯实服务根基

项目导读

随着经济的发展，服务在日常生活中的作用与日俱增。优质的服务不仅可以吸引和留住客户，树立企业声誉，还可以让客户感到被关怀和重视，提升其满足感和幸福感。因此，了解服务与服务营销的基本理论知识，是从事服务营销管理工作的基础。

素养目标

（1）培养服务意识，提升职业素养。

（2）培养自主探究学习的意识。

知识目标

（1）了解服务的内涵、特征、分类和发展趋势。

（2）熟悉服务营销的含义、特征和主要内容。

（3）熟悉服务营销的 7P 组合策略。

技能目标

（1）能够根据服务的特征描述服务营销的主要内容。

（2）能够正确认识服务营销的 7P 组合策略。

（3）能够运用所学知识分析生活中的服务营销现象。

开篇案例

A 游乐园为什么那么吸引人

A 游乐园每天可以吸引上万人次的客流量，尤其在节假日期间，各地游客纷至沓来。不管是亲子游、情侣游，还是闺蜜游，A 游乐园都能为游客带来愉悦的体验。

一、独特的场景与建筑

在场景布置上，A 游乐园运用大量的自然元素，如绿色植物、水景、岩石等，营造出自然而生动的环境，让游客产生一种回归大自然的感觉。在建筑设计上，A 游乐园运用富丽堂皇和有趣生动的建筑风格，打造梦幻主题乐园，为游客创造独特的情绪体验氛围。

二、贴心的服务项目

在服务项目上，A 游乐园为残疾游客提供轮椅，为带孩子的游客提供儿童车，为带宠物的游客提供照看服务。值得一提的是，A 游乐园中垃圾桶的高度也是孩子们伸手可及的。

三、差异化的服务特色

在游乐项目上，A 游乐园十分注重游客的参与性。例如，A 游乐园提供小型游玩观光车，并设有专门的道路，方便游客通过各种复杂的弯道，开启有趣的旅程。这种游乐项目能让游客更好地参与进来，给他们留下深刻、美好的回忆。此外，A 游乐园还专门设置了各种可爱的卡通人物，这些卡通人物仿佛是梦幻世界的使者，带领游客进入奇妙的世界，让游客体会到如梦游仙境般的感觉。

四、欢乐愉悦的氛围

在 A 游乐园，游客与员工可以一起在安全又充满乐趣的游乐项目中感受快乐。其中，员工起着主导作用，其精致的妆容、甜美的笑容、友好的眼神、特定角色的表演及与每位游客接触的细节，都在营造欢乐愉悦的氛围，大大提高了游客的满意度和幸福感。

问题思考：A 游乐园为什么有如此大的吸引力？

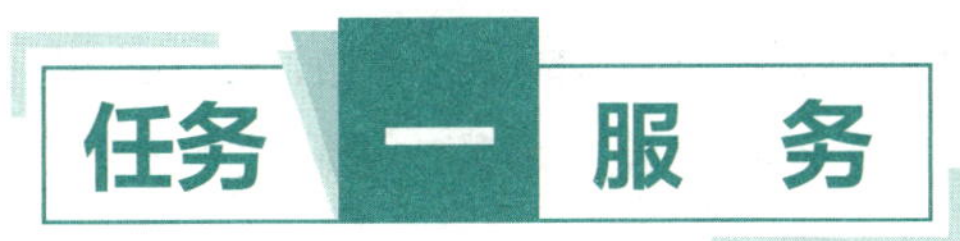

一、服务的内涵和特征

（一）服务的内涵

服务是指企业为客户提供的、旨在带来某种利益或满足感的、可供有偿转让的活动。从本质上来讲，服务不是一个瞬时动作，而是一个持续过程，最终会呈现为某种结果。例如，人们理发时，从进门到理发结束是一个完整的服务过程，最终的发型则是服务结果。一般来说，服务可以从以下几个方面进行理解。

（1）服务基本上是无形的。服务可以是纯粹的服务，如旅游服务、咨询服务等，也可以是与有形产品相关联的服务，如售前咨询服务、安装调试服务等。

（2）服务不涉及所有权的转移。在接受服务的过程中，客户购买的不是服务过程中使用到的有形产品本身，而是这些有形产品所提供的某种功能或效益，即有形产品的使用权。

（3）服务的重要性不亚于有形产品。在多数情况下，优质的服务可以成为企业赢得竞争优势的关键因素。

服务贴士

事实上，很少有产品是纯粹无形的或完全有形的。有形产品往往伴随着无形的服务体验。例如，智能手机是有形产品，但需要相应的软件更新、用户支持等无形服务。无形服务也常常依赖于有形产品的展示或交付方式。例如，在线课程本质上是无形的知识传授，但需要通过视频、文档、在线平台等有形媒介来呈现。

因此，本书提及的服务包括纯服务和混合服务（有形产品和无形服务相结合的服务）。

（二）服务的特征

服务具有无形性、不可分离性、差异性、不可储存性等特征。

1. 无形性

无形性，又称“不可感知性”，是服务最基本的特征。由于服务在大多数情况下都是无形无状、难以触摸的，因此，服务具有不能预先被看见、触摸、品尝或嗅到的特殊价值。

当然，服务的无形性不是绝对的。对于很多服务来说，有形产品是其不可缺少的组成要素，但这些有形产品并不是服务的本质。例如，菜肴、点心、茶等有形产品只是餐饮服务的载体，烹饪服务、就餐服务等才是餐饮服务的本质。

2. 不可分离性

不可分离性是指服务的生产过程和消费过程密不可分。有形产品通常要经过生产、流通才能到达客户手中，整个过程发生在不同的场所，其生产过程和消费过程是必然分离的。而服务的生产过程和消费过程是同时进行的，也就是说，客户必须参与服务的生产过程才能享受消费过程。例如，患者必须向医生陈述病情，并接受检查，医生才能对患者的病情做出正确的诊断，从而对症下药。

随着科技的发展，某些服务的生产过程与消费过程可以实现时间、地点上的分离。例如，学生在家就能通过计算机、智能手机等终端设备在线学习网课。

3. 差异性

差异性，又称“可变性”，是指同一项服务会因提供的主体、时间、地点、环境、方式的变化，在内容、形式、质量等方面产生差异。例如，在旅游服务中，旅游项目的安排有时会受天气的影响，有时会受游客的影响；在一对一培训服务中，教师会根据每位学生的知识掌握情况，制订个性化的辅导方案。因此，服务很难像有形产品一样用统一的标准来衡量。

4. 不可储存性

不可储存性是指服务无法保留、转售及退还。一般来说，服务不能像有形产品一样被储存起来，以备未来出售。虽然服务不能储存，但是服务能力可以储存在服务机构、服务人员、服务设备等载体上。只要服务能力存在，客户在需要时就能消费服务。例如，知识服务、表演服务等可以储存在计算机硬盘、U 盘、云盘等存储介质中，方便客户使用。

课堂讨论

在日常生活中，你所了解及消费过的服务有哪些？请举例并与同学们讨论。

二、服务的分类

由于形式及内容的广泛性和复杂性，服务可以从多个角度进行分类。常见的服务分类如表 1-1 所示。

表 1-1　常见的服务分类

分类依据	类型	内容或例子
服务产业	金融服务	银行、保险公司、证券公司等提供的与金融相关的服务
	医疗保健服务	医院、诊所、药店等提供的与医疗和保健相关的服务
	教育服务	学校、培训机构等提供的与教育相关的服务
	旅游服务	旅行社、酒店、航空公司等提供的与旅游相关的服务
	娱乐服务	电影院、剧院、游乐园等提供的与娱乐相关的服务
服务地点	定点服务	通过在固定地点设立服务网点或委托其他部门设立服务网点来提供服务，如设立在全国各地的维修服务网点、零售门店等
	巡回服务	定期或不定期地按客户分布的区域提供服务，如流动货车、上门销售、巡回检修等
服务对象	个人服务	为个人客户提供的服务，如个人保健、个人形象设计等
	企业服务	为企业客户提供的服务，如代理记账、市场调研等
服务渠道	线上服务	通过远程方式提供的服务，如电话咨询、在线购物等
	线下服务	通过面对面交流方式提供的服务，如理发、美容、餐饮等
服务费用	免费服务	不收取任何费用的服务，一般是附加的、义务性的服务
	收费服务	需单独收取一定费用的服务，目的是满足客户某方面的需求
服务次数	一次性服务	如搬家服务、送货上门服务、产品安装服务等
	经常性服务	如订阅服务、产品检修服务、保洁服务等
服务技术	技术性服务	与产品的技术和效用有直接关系的服务，一般由专门的技术人员提供，包括产品的安装、调试、维修，以及技术咨询、指导、培训等
	非技术性服务	与产品的技术和效用无直接关系的服务，如广告宣传、分期付款等
服务性质	功能性服务	满足客户需求、解决客户实际问题的服务，体现了服务人员的专业水平
	态度性服务	以热情、友好、诚恳、和蔼等态度服务客户，提高客户的满意度和幸福感

当然，服务的分类方式并不是固定的。随着社会的发展和科技的进步，服务的种类也在不断地发生变化。例如，绿色包装和回收服务致力于减少废弃物的产生和资源的浪费；AI 程序能够辅助医生诊断疾病和制订治疗方案。

知识视窗

良好的服务对企业经营的好处

一、提高企业的核心竞争力

在有形产品同质化严重、附加价值变低的今天，无形服务的竞争更加激烈。通过在有形产品中添加无形服务，企业可以拉大与其他同类企业的差距，从而赢得客户的青睐。以家电行业为例，不同品牌的产品在功能和价格上的区别不是很明显，于是各大品牌纷纷在售后服务上做文章，如表1-2所示。

表1-2　两种家电品牌的售后服务

企业	提供的售后服务
海信集团有限公司	“三三、五免”服务：三个月出现质量问题包换、三年免费维修，免费知识咨询、免收登门服务里程费、免费帮助调试、免费帮助换机、免费专业显像管除尘
美的集团有限公司	“两包、五免费”服务：整机包修三年、压缩机包修五年，免费咨询、免费设计、免费安装、市内免费送货上门（不含窗机）、定期免费检修及保养

二、带来持续的利润增长

良好的服务可以为企业带来源源不断的新客户，并留住老客户，继而带来持续的利润增长。

三、促进企业的长远发展

企业要想获得长远的发展，必须掌握客户动态，快人一步地满足客户需求。而良好的服务能够促使客户提供更多的信息、反映更多的需求。通过收集这些信息，企业可以站在客户的角度为其提供服务，从而走得更远。

三、服务的发展趋势

服务的发展趋势包括服务产品化、服务电子化、服务国际化、服务外包化等。

（一）服务产品化

服务产品化是企业将服务的流程、动作、角色等要素进行标准化和规范化，使其具有可复制、可扩展的特性。通过服务产品化，企业可以明确服务的流程、成果和交付方式，使服务更易于理解、购买和交付。

需要注意的是，服务产品化不是把服务变成产品，而是在降低客户风险的同时节约服务成本，使企业更专注地解决客户的个性化需求。

（二）服务电子化

服务电子化是企业利用互联网和信息技术，将传统的服务形式转变为电子化的服务形式，提供全天候、全方位的服务。服务电子化的普及增强了服务的效用，具体表现在以下几个方面。

（1）时间和地点效用。通过服务电子化，企业不再局限于固定的工作时间或实体店

面，可以随时随地为客户提供服务，扩大了服务的范围和覆盖面。同时，客户也不再受限于企业的营业时间和营业地点，可以随时随地通过各种途径享受企业的服务。

（2）内容和形式效用。通过服务电子化，企业可以为客户提供大量的服务详情、服务评价等信息。同时，客户也可以向企业提供关于自身需求和偏好的信息，这大大丰富了服务的内容和形式。

（3）价格效用。通过服务电子化，企业可以降低运营成本，如减少实体店面的租金、人力成本等，同时通过举办更多的优惠活动来回馈客户，从而实现与客户的共赢。

（三）服务国际化

随着全球化进程的加速和信息技术的快速发展，世界逐渐变成了一个紧密相连的“地球村”。在这个背景下，服务国际化是一种必然结果，其实质是提供跨越国界的服务，主要表现在以下几个方面。

（1）服务交易的国际化。随着贸易国际化，旅游、咨询、金融、软件开发等服务行业在全球范围内提供服务并进行交易。人们可以通过互联网获取不同国家和地区的服务，如在线购物、在线咨询、在线教育等。

（2）服务经营的国际化。许多企业将目光投向国际市场，通过跨国投资、设立分支机构或与外国企业合作，来扩大自身的服务范围和市场份额，从而更好地满足全球客户的需求。

（四）服务外包化

服务外包化主要表现为企业将价值链中原本由自己提供的具有基础性的、共性的、非核心的业务和业务流程剥离出来，外包给其他专业服务提供商来完成。服务外包化可以使企业重组价值链，优化资源配置，降低成本，增强核心竞争力。

一、服务营销的含义和特征

服务营销是指企业在营销过程中为满足客户需求而进行的一系列活动，主要是对有形产品和客户服务的营销。

王小旌卖米的故事

在传统的市场营销活动中，客户服务只是作为附加价值而引入的，如购买汽车赠送的保养服务。在现代化的市场营销活动中，客户服务具有核心的营销价值，而有形产品则转变为实现服务价值的一种工具。例如，电信公司开展预存话费赠送手机的活动，其目的是营销通信服务。

一般来说，服务营销的特征主要体现在以下几个方面。

（1）研究对象特殊。服务营销以企业的服务行为和产品营销中的服务环节为研究对象，主要关注的是服务过程和客户体验。

（2）注重客户管理。在服务营销中，客户的参与和反馈会直接影响服务质量。因此，企业应注重客户管理，以确保客户需求得到充分的关注和满足。

（3）强调内部管理。在服务营销中，服务人员是服务的重要组成部分，其素质和能力直接影响服务质量及客户体验。因此，企业应加强内部管理，提高服务人员的素质和能力，以确保为客户提供高质量的服务。

二、服务营销的主要内容

（一）将无形服务有形化

由于服务的无形性，企业无法事先向客户展示服务的“样品”，从而增加了与客户沟通的成本。因此，企业在提供服务时必须将无形服务有形化，以增强客户对服务的认知和偏好。

（1）宣传硬件设施。企业如果拥有先进的硬件设施，则可以将其作为宣传重点，展示给客户。例如，酒店可以宣传其豪华客房、现代化设施，医疗机构可以宣传其先进的医疗设备。通过展示这些硬件设施，企业可以让客户更直观地感知服务的质量和水平。

（2）改善服务环境。企业可以改善服务环境，给客户留下深刻的印象。例如，餐厅可以通过装修和布置来营造舒适、独特的用餐环境；零售店可以根据不同的促销活动调整商品陈列方式，营造不同的购物氛围。

（3）建立服务品牌形象。通过品牌建设，企业可以塑造独特的服务形象和价值观，进一步向客户传达服务的特征、质量和价值，帮助客户建立与品牌之间的情感连接。

（4）宣传专业人物形象。企业如果拥有专业的服务团队或行业领先人物，则可以重点宣传这些专业人物的资质和成就，以提高客户对服务的信任度和认可度。

（5）展示成功案例。企业可以向客户展示以往成功的服务案例，来证明服务的真实效果和价值，使客户进一步了解服务的特色和优势。

（二）注重与客户的互动

一般来说，服务的生产过程和消费过程是同时进行的，客户的参与度较高。在整个服务过程中，客户满意度很大程度上取决于服务人员的态度和行为，以及服务人员和客户之间的互动。因此，企业应注重培养服务人员，并加强与客户的互动。

（1）选拔和培养优秀的服务人员。企业在招聘服务人员时应注重评估其服务态度和沟通能力，进而选择具有良好服务意识的人才。同时，企业应全面培养服务人员，如定

期举行服务知识培训、服务技巧培训、文化素质培训等，以提高其服务能力。

（2）增加服务网点。企业可以扩大服务网点的覆盖范围，使客户更便捷地获得服务。在服务网点，企业可以提供舒适的候客区、清晰的指引标识、完善的设备等，使客户在接受服务的过程中感到愉悦和舒适。

（3）增强服务特色。企业可以根据客户需求和市场竞争情况，提供独特的服务。例如，以定制化服务、个性化建议、快速响应等吸引和留住客户，提高客户满意度。

（三）保持服务质量的稳定性

服务质量通常取决于客户清楚地表达其需求的能力、服务人员满足客户需求的能力和意愿、客户对服务的需求程度等因素。而这些因素有时是难以控制的。因此，企业应努力保持服务质量的稳定性。

（1）实施服务质量评估。企业应收集和分析客户的反馈信息，定期进行客户满意度调查，以评估服务质量，并针对问题采取适当的措施加以改进。

（2）引入技术支持。企业应利用技术工具来支持服务过程，如客户关系管理系统、在线支持和反馈平台等。这些技术工具不仅可以提高服务的效率和准确性，还有助于改善客户体验。

（3）提供个性化服务。企业应尽可能了解客户的需求和偏好，并根据其差异提供个性化服务。

（4）持续改进和创新。企业应鼓励客户和服务人员提出改进建议，并及时采取有效的改进措施。同时，企业还应积极关注行业的最新趋势和技术创新，及时引入新的服务理念和方法。

（四）加强服务供给与需求管理

由于服务的不可储存性，服务业不能像制造业那样依靠库存来缓冲和适应市场变化，因此服务的供给与需求经常出现不平衡的现象。例如，城市公交往往只能在每天的高峰期实现规模经济；旅行社和旅游景区往往只能在旅游旺季实现规模经济。因此，企业应做到以下几点。

（1）加强服务供给管理。针对服务需求高峰期，企业可以只提供主要服务，规定部分业务实行自助服务，也可以增派临时工作人员、寻求合作伙伴协作等。

（2）加强服务需求管理。针对服务需求低峰期，企业可以推出促销活动，吸引客户消费，刺激服务需求。

（3）实行服务预售。企业可以实行服务预售，有计划地调节服务需求，并利用数据分析和市场研究，预测服务需求的波动趋势，及时做出调整，适应市场变化。

三、服务营销的 7P 组合策略

服务营销的 7P 组合策略由服务产品（product）、服务价格（price）、服务渠道（place）、服务促销（promotion）、服务人员（people）、服务有形展示（physical evidence）和服务过程（process）等要素组成。

（一）服务产品

服务产品是指企业提供的有形要素与无形要素的结合体，是服务营销的基础和核心。如果服务产品本身存在问题，其他一切营销努力皆是枉然。当然，服务产品虽然包括有形要素，但其主要价值是由无形要素创造的。例如，酒店的核心服务是住宿服务，其他服务包括房间预订服务、客房服务、用餐服务、娱乐休闲服务等。

（二）服务价格

服务价格是指客户购买服务产品所支付的货币成本，体现了企业获得的回报。通过合理定价，企业可以与客户实现有效价值交换，即企业实现盈利，客户享受服务。

需要注意的是，客户购买服务产品时，除了考虑货币成本，还会考虑时间成本、精力与体力成本等非货币成本。这些非货币成本通常会影响客户的购买决策，因此，企业要灵活、合理地使用价格策略，使价格成为其传递服务质量的有效信号。

（三）服务渠道

服务渠道是指服务产品价值传递的方式或过程。企业需要选择合适的分销渠道，以确保服务产品的便捷性和可及性。服务产品的分销可以通过传统实体渠道（如直销、代理）完成，也可以通过新兴的电子渠道或自主服务方式来完成。随着互联网的发展，电子渠道逐渐成为传统实体渠道的有力补充或替代性选择。

服务贴士

电子渠道主要通过互联网向目标市场提供可利用的服务产品，包括智能手机、计算机、网络电视和互动媒体等。

与有形产品的分销渠道相比，服务产品的分销渠道较短。企业通常直接向客户提供服务产品，但在某些情况下，如地理限制、专业化需求、规模经济等，可能会通过中间商向客户提供服务产品。需要注意的是，通过中间商向客户提供服务产品时，企业需要加强对中间商的管理，避免因中间商出现差错造成企业服务质量欠佳的局面。

（四）服务促销

服务促销是指企业通过广告、人员、销售促进等方式与客户沟通，传递服务产品或品牌信息，并引导客户消费的一种活动。它旨在吸引新客户、提高服务产品的知名度，激发客户的购买欲望，从而帮助企业扩大市场份额，提升品牌形象。

（五）服务人员

服务人员是指参与服务产品提供过程并影响客户感知的人员。他们的着装、态度、行为和能力都会直接影响客户对服务产品的感知和评价。对于顾问、咨询师、教练等专业人员来说，服务人员本身就是服务。在这种情况下，服务人员更需要有专业的素养、深厚的专业知识和丰富的经验，从而与客户进行有效的沟通，并为他们提供有针对性的解决方案和支持。

（六）服务有形展示

服务有形展示是指企业通过各种有形要素来传达服务信息、与客户进行互动，以更好地提供、传播服务的行为。这些有形要素可以被看作是服务的“包装”。其中，有形要素包括各种有形物品，如小册子、公司信笺、名片、报表、招牌、服务设备、服务窗口等。

在实际经营中，企业应重视服务有形展示的设计和品质，确保其符合相应的服务定位，并传达出积极、专业和可靠的形象，从而提升客户的满意度和信任度。

（七）服务过程

服务过程是指服务产品的提供和运作系统。客户通常会根据其感受到的服务过程来判断服务产品的质量。如果服务过程过于复杂，且需要客户采取一系列复杂的行动来完成，那么客户可能会觉得服务产品的质量欠佳。因此，企业应设立符合客户需求的服务流程和要素，让整个服务过程简单明了、易于理解和实施。

此外，服务过程是否标准化也是客户评判服务质量的一个重要指标。标准化的服务过程可以确保服务效率和服务质量，从而提升客户的服务体验，增强客户的口碑传播。

同步案例

B便利店的7P组合策略

B便利店是一家24小时连锁便利企业，其营销策略主要体现在以下几个方面。

（1）产品策略。B便利店根据每天的销售数据决定商品采购的品类和数量，从而降低库存，减少滞销品，并确保畅销商品始终在货架上。

（2）价格策略。虽然B便利店的商品价格略高于普通超市，但其价格定位基本在消费者可接受的范围内。因为其提供24小时的便利服务，且商品质量有保证，消费者愿意为这些附加价值支付一定的溢价。

（3）渠道与促销策略。B便利店的门店遍及全球多个国家和地区，各个门店会根据总部要求定期或不定期地开展促销活动，以吸引新老消费者。此外，B便利店会随季节变换更新货架上的商品，同时下架销量不好的商品。

（4）过程策略。B便利店实行一日多次配送制度，实现小量、多次、快速、按需物流配送。这些措施使B便利店能及时向消费者提供高鲜度、高附加值的商品，从而实现差异化经营。

（5）有形展示与人员策略。B便利店的门店布置醒目且一致，有助于提升品牌形象和消费者认知。形象一致和态度热情的员工，给人专业、可靠的感觉，有助于提升消费者的购物体验。

强化训练

知识检测

一、不定项选择题

1．服务的特征包括（　　）。

A．无形性　　B．不可分离性　　C．差异性　　D．不可储存性

2．功能性服务是指（　　）的服务，体现了服务人员的专业水平。

A．满足客户需求、解决客户实际问题

B．与产品的技术和效用有直接关系

C．不收取任何费用

D．以热情、友好、诚恳、和蔼等态度对待客户

3．服务的发展趋势不包括（　　）。

A．服务产品化　　B．服务电子化　　C．服务封闭化　　D．服务外包化

4．服务电子化的普及增强了服务的效用，具体表现在（　　）上。

A．时间效用　　B．内容和形式效用

C．价格效用　　D．地点效用

5．服务营销的特征不包括（　　）。

A．研究对象特殊　　B．注重客户管理

C．营销对象单一　　D．强调内部管理

二、判断题

1. 服务不涉及所有权的转移。（　　）
2. 服务可以像有形产品一样用统一的质量标准来衡量。（　　）
3. 事实上，很少有产品是纯粹无形的或完全有形的。（　　）
4. 服务营销仅针对服务业，其他产业不需要重视服务营销。（　　）
5. 企业为客户提供某项服务之后，服务就会立即消失，这就是服务的无形性。（　　）

三、简答题

1. 简述服务营销的含义。
2. 简述服务营销的主要内容。
3. 简述服务营销的 7P 组合策略。

案例分析

C 酒店的高标准服务

C 酒店的高标准服务是一种基于人性化和个性化的服务，其宗旨是为客人打造一个温馨的“家”。C 酒店会将客人当作自己的家人一样对待，让客人有被尊重和重视的感觉，从而给客人带来身心愉悦和难忘的服务体验。

一、建立准确且完整的客人档案

在 C 酒店，每位员工身上都有一份“客人喜好表”，方便及时记录客人的喜好，并将收集到的相关信息录入酒店系统中。在客人下次入住时，C 酒店会根据客人喜好为其提供个性化服务，并创造意外的惊喜。

二、鼓励员工提供“满意+惊喜”的高品质服务

C 酒店以客人得到真诚关怀和舒适款待为最高使命，提出优质服务的 3 个步骤：一是提前预期每位客人的需求并积极满足；二是敏锐察觉客人明示或暗示的需求并做出迅速反应；三是为客人创造独特难忘的亲身体验。

因此，C 酒店不但重视培训员工的业务技能，还会注重强化员工为客人提供“满意+惊喜”的服务意识。此外，C 酒店会定期组织员工分享“满意+惊喜”服务实例，并给予优秀员工适当的奖励，以进一步强化全体员工的服务意识。

三、适当授权员工灵活处理问题

为了不断改进服务，C 酒店授权员工在特定额度范围内为客人提供额外服务。这种授权让员工面对特殊需求或突发情况时，可以迅速做出判断并采取行动，而不需要上报主管等待指令，大大提升了客人的服务体验。

（资料来源：郑锐洪，《服务营销：理论、方法与案例（第 3 版）》，机械工业出版社，2023 年）

结合所学知识回答以下问题：

1．C 酒店采取了哪些服务营销策略？对应的具体行为有哪些？

2．你怎样看待 C 酒店的高标准服务及其管理规则？

拓展实训

任务描述

以小组为单位，选择一家企业，围绕该企业的服务营销收集相关案例和资料，然后结合所学知识完成以下任务。

（1）明确该企业运用的服务营销策略，并分析各策略的优缺点，说明其成功或失败的原因。

（2）总结经验与教训，并尝试优化该企业的服务营销策略。

（3）合作撰写服务营销案例分析报告，并根据分析报告制作一份演示文稿，然后派出一名代表在课堂上进行汇报。

任务分配

全班学生以 6～8 人为一组进行分组，各组选出组长并进行任务分工，然后将小组成员及分工情况填入表 1-3 中。

表 1-3　小组成员及分工情况

班级		组号		指导教师	
任务内容					
小组成员	姓名	学号	任务分工		
组长					
组员					

任务实施

将实训任务的具体完成情况记录在表 1-4 中。

表 1-4　实训任务完成情况记录表

时间和任务安排	实施步骤
	1．拆解任务，认识任务中的重点和难点，包括：
	2．确定本组使用的信息检索方法，包括：
	3．记录本组收集的企业信息和相关案例，包括：
	4．记录本组分析问题的方法及得到的结论，包括：
	5．根据所学知识，提出优化该企业服务营销策略的建议，包括：
	6．撰写服务营销案例分析报告，按要求制作演示文稿，进一步讨论并改进，包括：
	7．各小组代表在全班同学面前进行展示，教师和其他小组成员可以提问或发表意见，包括：

学习成果评价

指导教师可以根据学生的课堂表现、实际学习成果和任务完成情况对其进行评价。学生配合指导教师共同完成学习成果评价表（见表 1-5）。

表 1-5 学习成果评价表

班级		组号		日期	
姓名		学号		指导教师	
学习成果					
评价维度	评价指标	评价标准	分值	评价分数	
				自评	师评
素养评价 20%	学习态度	刻苦认真，勇于钻研	5		
	纪律意识	遵守课堂纪律，认真完成课堂作业与课后作业	5		
	互动意识	积极发言，完成课堂互动	5		
	团队精神	尊师爱友，积极合作，团结奋进	5		
知识评价 20%	基础知识	了解服务的内涵、特征、分类和发展趋势	3		
		熟悉服务营销的含义、特征和主要内容	3		
		熟悉服务营销的 7P 组合策略	4		
	应用知识	能够根据服务的特征描述服务营销的主要内容	4		
		能够正确认识服务营销的 7P 组合策略，并运用所学知识分析生活中的服务营销现象	6		
能力评价 30%	检索能力	熟练应用多种信息检索方法	10		
	实践能力	对所选企业了解透彻，分析深入	10		
	探索创新能力	在实践过程中有新的想法或思路，有自主探究学习的意识	10		
成果评价 30%	时间观念	按时完成实训任务	5		
	演示文稿	清晰流畅、重点突出、详略得当	10		
		正确分析服务营销策略，并提出可行性建议	15		
合计			100		
总评	自评（30%）+师评（70%）=		教师（签名）：		

项目二

精确定位市场，抢占市场先机

项目导读

现代市场经济中，由于企业资源的有限性和客户需求的多样性，绝大多数企业都不可能占有行业的整个市场。因此，企业必须对服务市场进行细分，选择适合自己的定位，才能满足客户的差异性需求，从而在激烈的市场竞争中发展和壮大。

素养目标

（1）培养对服务市场动态的敏感度。

（2）勤于思考，培养准确判断能力。

知识目标

（1）了解服务市场细分的含义、作用和标准。

（2）了解企业选择服务目标市场的参考因素。

（3）熟悉服务目标市场的进入模式与营销策略。

（4）掌握服务市场定位的内涵、层次和策略。

技能目标

（1）能够根据企业的经营目标确定服务目标市场的进入模式。

（2）能够结合企业的长期目标对服务市场进行准确定位。

开篇案例

F 企业的服务市场定位

随着新能源汽车市场的持续升温，F 企业以其独特的品牌魅力和高端纯电市场的精准定位，在中国电动汽车市场取得了一席之地。

在产品品质方面，F 企业通过智能电动汽车操作系统和旗下智能手机等，提供了丰富的智能互联功能，如远程控制、语音助手、实时路况导航等，帮助消费者更加便捷、智能地出行。

在服务体系方面，F 企业提供了全方位的保障和支持，包括终身免费道路救援、免费换电服务、快速充电网络等，让消费者无后顾之忧。同时，X 企业还注重与消费者的互动和沟通，通过社交媒体、线下活动等方式，与消费者建立了紧密的联系。

在品牌形象方面，F 企业通过参加各种比赛、举办各类活动等方式，提升了品牌的知名度和影响力。

在可持续发展方面，F 企业通过采用先进的电池技术和能源管理系统，降低了电动汽车的能耗和排放，为环境保护做出了贡献。

问题思考：F 企业的服务市场定位有什么优势？

任务一 服务市场细分

一、服务市场细分的含义

服务市场细分是指企业根据客户的差异性需求，将整体服务市场划分为若干个消费群体的过程。每一个消费群体就是一个细分市场，每一个细分市场都由具有类似需求倾向的客户构成。例如，对于旅游市场，企业可以从旅游群体和旅游产品进行分类，从而选择性经营，如表 2-1 所示。

表 2-1 旅游市场细分

旅游群体	旅游产品					
	观光游	休闲游	商务游	文化游	探险游	体验游
商人						
学生						

续表

旅游群体	旅游产品					
	观光游	休闲游	商务游	文化游	探险游	体验游
白领						
退休者						
家庭						

二、服务市场细分的作用

服务市场细分在企业的发展壮大中起着非常重要的作用，主要体现在以下几个方面。

（一）有助于发现市场机会，开拓新市场

通过服务市场细分，企业可以分析和对比不同服务细分市场的购买潜力、满足程度、竞争情况等，发现哪些消费群体的需求已被满足，哪些消费群体的需求未被满足，以及针对哪些消费群体市场上已存在大量的竞品，进而探索出有利于本企业进入市场的机会，快人一步地开辟新市场。

这样一来，企业可以及时做出投产、营销决策，或根据自身情况制订服务新产品开发计划，以便掌握服务产品更新换代的主动权，更好地适应服务市场的需要。

（二）有助于选择服务目标市场，制订营销策略

通过服务市场细分，企业可以明确服务目标市场，清楚地把握客户需求，并结合自身实际情况，如经营方针、生产技术和营销力量，选择或制订相应的服务营销策略。同时，在服务细分市场上，企业容易获得客户的反馈信息，且能够根据客户的需求变化迅速调整营销策略，以适应新的市场环境。

（三）有助于提高经济效益，增强市场竞争力

企业的人力、财力、物力等资源都是有限的。通过服务市场细分，企业不仅可以集中投放有限的资源，形成竞争优势，还可以针对服务目标市场提供适销对路的服务产品，获得更高的经济回报。这样一来，企业既能满足市场需求，又能提高服务质量、降低成本，从而全面提高经济效益，增强市场竞争力。

因为中小企业拥有的资源更有限，技术水平相对较低，缺乏竞争力，所以服务市场细分对中小企业来说尤为重要。通过服务市场细分，中小企业可以根据自身的

经营优势，选择一些大企业不愿顾及的、市场需求相对较小的细分市场，从而在竞争激烈的市场环境中求得生存和发展。

课堂讨论

有人说："除非你只有一个客户，只提供一种服务，否则就存在服务市场细分问题。"你如何看待上面这句话？说说自己的想法并与同学们讨论。

三、服务市场细分的标准

服务市场细分的标准不是唯一的，企业应根据自身实际情况及外部环境采取不同的细分标准。一般而言，服务市场可以从地理因素、人口因素、心理因素和行为因素 4 个方面进行细分。

宝洁公司的服务市场细分

（一）地理因素

地理因素是指客户所处的地理位置、自然环境和生活环境，大致包括国家、地区、气候、城市规模等。

以我国为例，因地形和地势复杂、气候多样，生活在不同地区的客户往往会有不同的消费习惯、服务需求与偏好。例如，以饮食口味偏好来说，我国素有"南甜北咸，东辣西酸"的说法。同时，不同地区的经济发展水平、居民生活习惯、交通运输条件等也存在着巨大的差异。例如，南方降水丰富、水系发达，水运条件便利；北方的交通运输则以陆运为主。表 2-2 列出了服务市场按地理因素细分的一些标准，可作为参考。

表 2-2　地理因素细分标准

地理因素	具体地理因素市场细分
国家	中国、俄罗斯、美国、英国、法国等
地区	东北、华北、华中、华南、华东、西北、西南；沿海地区、内陆地区；南方、北方
气候	温带、亚热带、热带、寒带等
城市规模（人口）	小城市（城区常住人口 50 万以下）、中等城市（城区常住人口 50 万～100 万）、大城市（城区常住人口 100 万～500 万）、特大城市（城区常住人口 500 万～1 000 万）、超大城市（城区常住人口 1 000 万以上）

（二）人口因素

人口因素主要包括客户的年龄、性别、国籍、职业、家庭年收入、家庭人口、家庭生命周期、受教育程度等。

以受教育程度为例，客户的受教育程度包括小学、初中、高中、大学、研究生及以上等。对于小学、初中、高中的客户，企业可以提供考试辅导、志愿填报咨询、学习方法指导、兴趣培训等服务；对于大学、研究生及以上的客户，企业可以提供求职辅导、升学考试、留学咨询等服务。表 2-3 列出了服务市场按人口因素细分的一些标准，可作为参考。

表 2-3 人口因素细分标准

人口因素	具体人口因素市场细分
年龄	婴幼儿、儿童、少年、青年、中年、老年等
性别	男、女
国籍	中国人、美国人、英国人、加拿大人等
职业	职员、教师、科研人员、文艺工作者、企业管理人员、私营企业主、工人、退休人员、学生等
家庭年收入	1 000～10 000 元、10 000～20 000 元、20 000～30 000 元、30 000～50 000 元、50 000 元以上等
家庭人口	1 或 2 人、3 或 4 人、5 人及以上等
家庭生命周期	年轻单身；年轻已婚无子女；年轻已婚，子女 6 岁以下；年轻已婚，子女 6 岁以上；已婚，子女 18 岁以下；中年夫妇；老年夫妇；老年单身；等等
受教育程度	小学、初中、高中、大学、研究生及以上等

由于人口因素的特征显著，信息容易获取，且适用范围较广，大多数企业都会将其作为服务市场细分的主要标准和思路。

（三）心理因素

客户的消费心理主要受其生活方式、人格特征、购买动机、社会阶层等因素的影响，这些因素是客户自身不易察觉但企业可以充分研究和利用的参考点。

以人格特征为例，冲动型客户的购买行为多是在外部刺激下产生的，而理智型客户的购买行为多是在计划之内进行的。对于冲动型客户，企业可以多举办促销、打折等优惠活动，并展示服务效果，从而刺激他们的购买欲望；对于理智型客户，企业可以提供详细的服务信息、客户评价信息、行业专家或权威机构的推荐信息等，增强服务的可信度，从而刺激他们的购买欲望。表 2-4 列出了服务市场按心理因素细分的一些标准，可作为参考。

表 2-4　心理因素细分标准

心理因素	具体心理因素市场细分
生活方式	平淡型、时髦型、知识型等
人格特征	外向型或内向型、冲动型或理智型、积极型或保守型、独立型或依赖型等
购买动机	求实型、求新型、求优型、求美型、求廉型、求名型等
社会阶层	上层、中层、下层等

（四）行为因素

行为因素主要包括客户的购买时机、利益追求、品牌忠诚度、购买态度等。

以购买态度为例，客户的购买态度包括狂热、肯定、无所谓、否定和敌视。对于持有狂热、肯定态度的客户，企业应继续为其提供优质的服务，并增加与他们互动的机会；对于持有无所谓、否定态度的客户，企业应尽力为其提供特别关注和个性化服务，争取将他们的态度转变为前两种；对于持有敌视态度的客户，企业应尊重他们的选择，减少资源和精力的投入，并将注意力转移到其他潜在客户身上。表 2-5 列出了服务市场按行为因素细分的一些标准，可作为参考。

表 2-5　行为因素细分标准表

行为因素	具体行为因素市场细分
购买时机	日常、节日、搬家、升学、升职、退休、旅游、社会事件或趋势等
利益追求	廉价、时髦、安全、刺激、新奇、豪华、健康等
品牌忠诚度	完全忠诚者、适度忠诚者、无品牌忠诚者
购买态度	狂热、肯定、无所谓、否定、敌视等

由于行为因素与客户需求密切相关，因此，许多市场营销学者认为，按照行为因素细分服务市场是最佳的出发点。

知识视窗

服务市场细分的原则

不管采用什么标准进行服务市场细分，企业都应考虑细分的有效性，防止过度细分，丧失发挥规模经济的优势。因此，企业细分服务市场时应遵循以下几个原则。

一、可衡量性原则

可衡量性原则表现为服务细分市场的规模和购买力是可识别、可衡量的。如果细分出来的市场范围、规模大小界定不明晰，或客户的购买力、需求特征无法界定和衡量，那么服务市场细分就失去了指导意义。

二、可进入性原则

可进入性原则表现为企业通过努力可以进入服务细分市场，并对客户产生影响，即营销策略在服务细分市场中是可行的。如果企业无法为该市场的客户提供服务产品，那么其细分的服务市场就是无效的。

三、可营利性原则

可营利性原则表现为企业选择的服务细分市场可以获得利润。在细分服务市场时，企业要选择与自身能力相匹配的市场，避免因无法应对而陷入困境，甚至难以继续经营下去。

四、可区分性原则

可区分性原则表现为企业选择的服务细分市场与其他市场有显著的差异，且能够匹配自身提供的服务产品。对此，企业可以通过营销活动，让该市场中的客户认识到他们是本企业的目标客户，同时让其他竞争者认识到本企业细分市场的特点。

任务二 服务目标市场选择

服务目标市场选择是在服务市场细分基础上的进一步深化和决策过程。具体来说，在服务市场细分的基础上，企业需要结合自身的战略规划和资源情况，分析和对比各个服务细分市场，以寻找、进入最适合自身发展的服务目标市场，从而更加精确地满足目标消费群体的需求。

一、选择服务目标市场的参考因素

选择服务目标市场意味着企业将投入大量的营销成本，并期望达到良好的营销效果，从而在服务目标市场中获得较大比重的占有率。因此，企业选择服务目标市场时需要参考一些重要因素。

（一）服务细分市场的规模和发展潜力

服务细分市场必须具备一定的规模（如客户数量和市场容量大小）和发展潜力，才能为企业提供生存和持续发展的空间。

对于过于狭小的、已经处于萎缩状态的、过分冷门的服务细分市场，企业很难依靠该市场继续发展；对于规模巨大的服务细分市场，其竞争者较多，企业不仅很难打败优势明显的竞争者，还会浪费自身资源。因此，企业在选择服务目标市场时需要在差异化和规模化之间寻找平衡，确保服务细分市场既有个性化的服务需求，又具有较为稳定的规模。

当然，企业除了考虑服务细分市场的规模，还要考虑服务细分市场的发展潜力（在未来一段时间内可持续增长的能力，即市场的增长空间和趋势），如市场中存在尚未被满足的需求，政府鼓励节能环保产业的发展、颁布扶持新兴行业的政策，等等。

（二）服务细分市场的获利水平

好的服务细分市场不但需要具备理想的规模和发展潜力，还要具备一定的获利水平。服务细分市场的竞争状况、经济发展水平、居民消费特征、购买力、客户的议价能力、当地经济发展政策等，都对其获利水平有一定的影响。

服务贴士

任何企业都会选择有获利能力的服务细分市场，但无论该服务细分市场的获利水平如何，将来都存在一定的变动性。因此，企业在评估服务细分市场的获利水平时要具有一定的主观性，基于自身经验和判断来做出预测和决策。

（三）企业的资源、技术和能力

企业的资源、技术和能力是其选择服务目标市场的关键内部因素。企业只有充分考虑自身的资源、技术和能力，并选择与自身发展目标相匹配的服务细分市场，才能更好地发挥自身优势，确保经营成功。

二、服务目标市场的进入模式

（一）市场集中化模式

市场集中化模式是一种最简单的服务目标市场的进入模式，即企业只提供一种服务产品，供应某一特定消费群体的模式。例如，图 2-1 所示的企业仅选择 M2 服务细分市场作为服务目标市场，仅提供 S1 服务产品来满足 M2 服务细分市场的客户需求。天津的麻花、狗不理包子等就是采用的市场集中化模式。

企业选择市场集中化模式一般基于以下几种情况。

（1）由于资金、技术等资源的限制，企业只能经营一个服务细分市场。

（2）企业具备在该服务细分市场中从事专业化经营或取胜的优势条件。

（3）企业在该服务细分市场中没有竞争者。

（4）企业准备以此为出发点，取得成功后向更多的服务细分市场扩张。

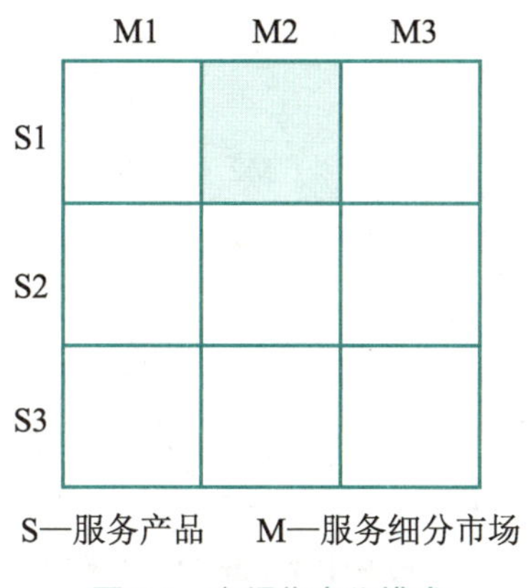

图 2-1　市场集中化模式

需要注意的是，企业选择市场集中化模式进入服务目标市场时，虽然容易发挥自身优势，但会降低自身抵御市场风险的能力，导致经营状况易受整体市场环境的影响。当服务目标市场中的客户需求发生变化或有新的、强有力的竞争者出现时，企业将会面临巨大的挑战。

（二）产品专业化模式

产品专业化模式是指企业集中提供一种服务产品，供应不同消费群体的模式。例如，图 2-2 所示的企业只提供 S1 服务产品，但同时提供给 M1、M2、M3 服务细分市场。

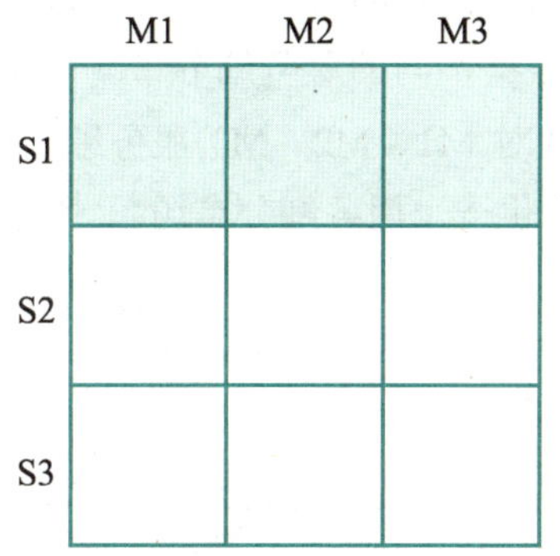

图 2-2　产品专业化模式

产品专业化模式强调服务产品的专业化，即服务产品是核心竞争力。企业选择产品专业化模式进入服务目标市场时，可以专注于提供一种服务产品，并在该领域形成技术优势，树立品牌形象。但是，当出现新技术或替代服务产品时，企业会受到严重冲击，甚至面临经营滑坡的危险。

（三）市场专业化模式

市场专业化模式是指企业提供多种服务产品，供应某一特定消费群体的模式。例如，

图 2-3 所示的企业只服务于 M1 服务细分市场，但同时提供 S1、S2、S3 服务产品来满足客户的不同需求。

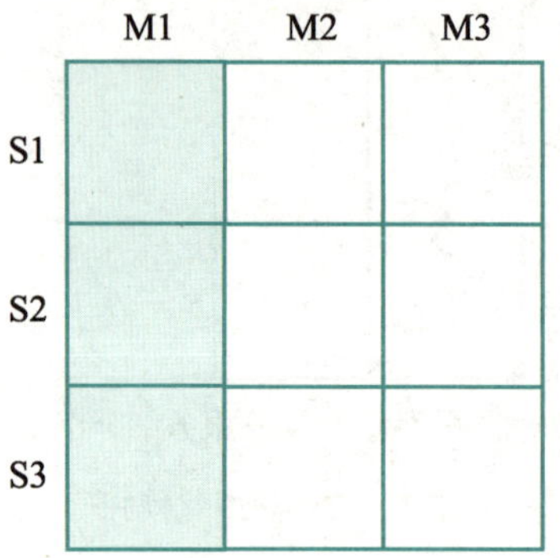

图 2-3　市场专业化模式

企业选择市场专业化模式进入服务目标市场时，可以在同一服务细分市场同时经营多种服务产品，并与客户形成紧密联系。但是，当这一服务细分市场的客户需求发生变化时，企业的经营收益也会随之发生变化。

（四）选择专业化模式

选择专业化模式是指企业结合自身的发展目标，有选择、有目的地进入多个不相关或不交叉的服务细分市场，并根据不同的服务细分市场需求提供相匹配的服务产品的模式。例如，图 2-4 所示的企业针对 M1、M2、M3 服务细分市场分别提供 S3、S2、S1 服务产品，并保证每种服务产品专供一个服务细分市场。

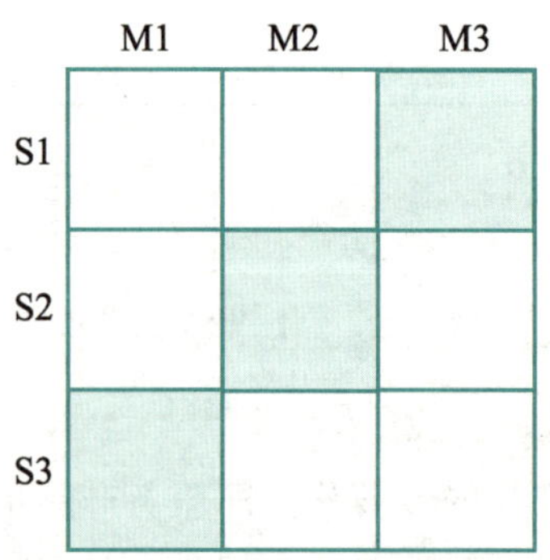

图 2-4　选择专业化模式

选择专业化模式是一种多元化的经营模式，可以降低企业的风险。即使某个服务细分市场亏损，其他服务细分市场也可能保持盈利。但是，这一模式需要企业拥有一定的资源优势和经营实力，并能够持续在创新、风险管理、品牌建设等方面建立竞争优势。

（五）市场全面化模式

市场全面化模式是指企业提供多种服务产品，供应各类消费群体的模式。例如，图 2-5 所示的企业提供 S1、S2、S3 服务产品，并将服务产品全面覆盖到每一个服务细分市场。

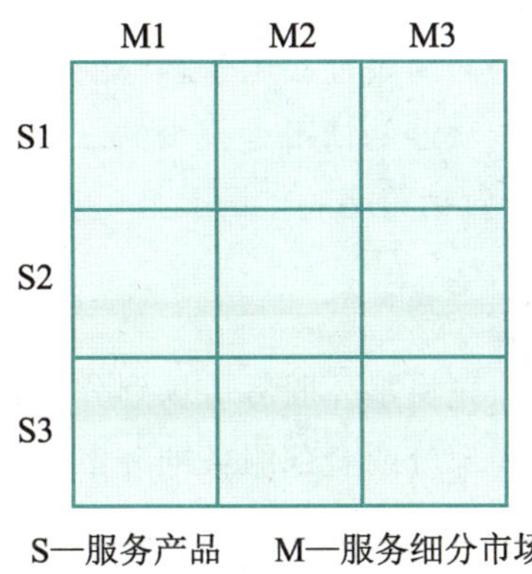

图 2-5　市场全面化模式

市场全面化模式要求企业具有较强的市场开发能力、管理能力、创新能力等。因此，只有实力雄厚的大型企业才会选择这一模式，如通用公司、联合利华等大型跨国集团。

三、服务目标市场的营销策略

企业确定服务目标市场后，应选择相应的营销策略，如无差异营销策略、差异化营销策略和集中化营销策略。

（一）无差异营销策略

无差异营销策略表现为企业将整体服务市场看作一个大的服务目标市场，忽略各个服务细分市场之间的差异，用同一种服务产品和统一的服务解决方案对待整体服务市场，从而形成单一营销组合与整体服务市场相对应的关系，如图 2-6 所示。例如，某饮料公司一直以单一的品种、标准的瓶装和统一的广告宣传，长期占领非酒类饮料市场。

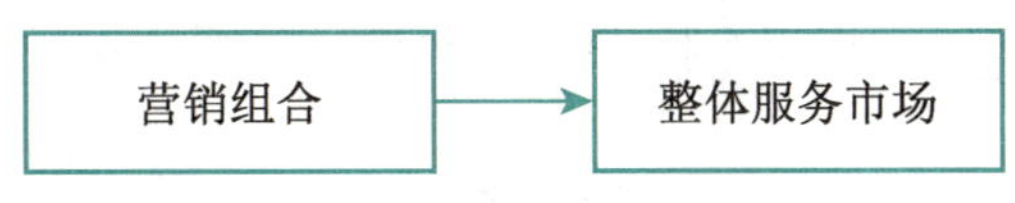

图 2-6　无差异营销策略

企业选择无差异营销策略的情况主要有以下几种。

（1）从传统观念出发，强调需求的共性，忽视需求的差异，进而为整体服务市场提供标准化的服务产品，如考研培训、公务员考试培训、入职体检等。

（2）经过市场调研，认为客户对某些特定服务产品的需求大致相同或差异较少，如

幼教、零售连锁经营等。

无差异营销策略最大的优势是节约成本，主要体现在以下几个方面：① 大批量的销售降低了服务产品的单位成本；② 无差异的广告宣传减少了促销费用；③ 不进行市场细分，减少了市场调研、服务产品研制与开发、制订多种市场营销方案等带来的成本开支。

但无差异营销策略也有一定的局限性。由于客户的需求和偏好是极其复杂且有差异的，某一服务产品受到市场普遍欢迎的情况是很少的。此外，缺少了服务创新，市场必然是没有活力的。因此，无差异营销策略对市场上绝大多数服务产品都是不适用的。

（二）差异化营销策略

差异化营销策略表现为企业先将整体服务市场划分为若干个服务细分市场，再根据自身的资源条件和营销实力选择部分或全部服务细分市场作为服务目标市场，并针对服务目标市场的需求设计不同的服务营销方案，从而形成营销组合与服务细分市场一一对应的关系，如图 2-7 所示。例如，针对汽车市场中的不同需求，大众集团都有与之相对应的服务产品和营销策略。

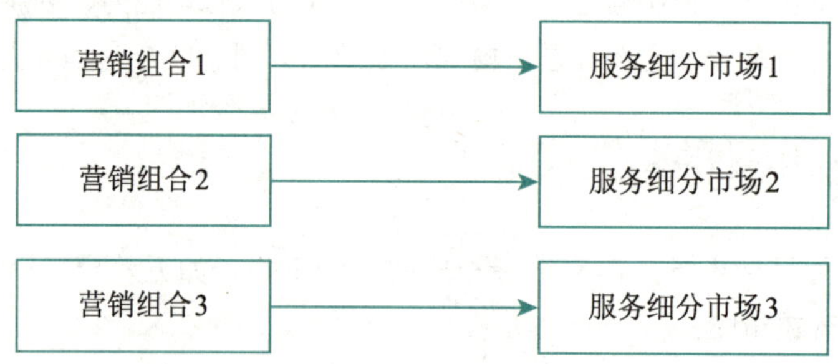

图 2-7　差异化营销策略

差异化营销策略的特色主要体现在以下几个方面。

（1）服务产品差异化：提供与众不同的服务，如海底捞的免费美甲服务。

（2）品牌定位差异化：提出不同的品牌主张，如美的主张“智能、节能、环保”。

（3）营销手段差异化：针对不同的消费群体，采用个性化的营销手段，如服务定制。

（4）服务人员差异化：使用不同形象的服务人员塑造差异，如某餐馆的服务人员全为下岗女工。

差异化营销策略可以有针对性地满足不同消费群体的个性化需求，从而提高服务产品的市场竞争力和客户满意度。但是，服务种类、营销手段、广告宣传的扩大化与多样化等会大幅增加企业的营销费用，分散企业资源。此外，在成本和销售额上升时，由于存在新技术应用、服务新产品开发和新市场培育的风险，企业的市场效益并不一定会同步上升。

（三）集中化营销策略

集中化营销策略表现为企业先将整体服务市场划分为若干个服务细分市场，再集中力量和资源选择一个或几个特征相似的子市场作为服务目标市场，并实行更加专业化的服务营销方案，从而形成单一营销组合与某服务细分市场的子市场相对应的关系，如图 2-8 所示。例如，某美甲店利用社交媒体发布精美的美甲照片和优惠活动，吸引美甲爱好者关注，同时与附近的美容美发店建立合作关系，通过互相推荐客户来扩大消费群体。

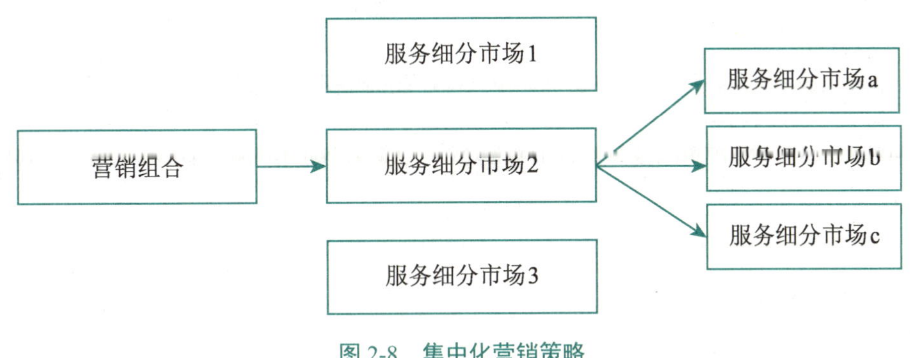

图 2-8　集中化营销策略

集中化营销策略可以帮助企业在某一特定市场中取得有利的地位，更好地满足小众市场的需求，从而获得较高的投资收益。但是，由于目标市场范围比较狭窄，一旦服务市场情况突然变坏，企业可能陷入极端困境，即“在一棵树上吊死”。

任务三　服务市场定位

一、服务市场定位的内涵

服务市场定位是指企业在目标市场塑造服务产品特色与品牌形象的过程。具体来说，企业应根据目标市场的竞争状况，结合客户对某些特征或属性的重视程度，塑造出强有力的、与众不同的、具有鲜明特征的服务产品，并通过不同的营销方式将其形象生动地传递给客户，以刺激客户的购买欲望。

在营销实践中，企业可以根据服务产品的属性、利益、价格、质量、使用场合、使用者、档次、竞争情况等多种因素或其组合进行市场定位。典型的服务市场定位如表 2-6 所示。

表 2-6　典型的服务市场定位

服务企业	行业类型	市场定位
如家	酒店	经济型酒店、连锁经营
沃尔玛	零售	天天平价、客户满意、连锁经营
悦来悦喜便利店	连锁零售	24 小时便利店、连锁经营
肯德基	餐饮	西式快餐食品、连锁经营
宜家	家居	家居产品的体验式营销、连锁经营
南方都市报	文化	都市休闲类报纸、“办中国最好的报纸”
西部假期	旅游	专注经营中国西部旅游线路

从表 2-6 可以看出，成功的企业大多有自己独特的市场定位或品牌定位，以形成自身优势，且大多采用连锁经营的模式实现扩张。

二、服务市场定位的层次

服务市场定位不是一蹴而就的，需要系统地分析。一般来说，企业可以从以下几个层次不断深化自己的服务市场定位。

（一）服务行业定位

服务行业定位是对整个行业进行定位。在考虑市场定位及服务产品定位之前，企业必须首先考虑自己要进入什么样的服务行业，经营什么样的业务，再确定自己在整个服务行业中的位置。

一般来说，企业可以根据服务的现代性（传统服务或现代服务）、服务产品的科技含量（高或低）、涉足的企业数量（多或少）、市场上对该服务产品的需求（高或低）、社会对该行业的认可度（高或低），以及服务产品的特色等，来进行服务行业定位。

（二）服务企业定位

服务企业定位是对整个企业进行定位。企业的发展除了受行业环境影响，还要靠自身的努力。进入服务目标市场后，企业要根据自身的资源条件和市场中的竞争状况选择具体的定位。企业的市场定位主要包括以下几种。

1. 市场领导者

市场领导者是指在市场上处于领导地位，占据最大市场份额的企业。市场领导者在价格调整、服务创新和销售能力等方面拥有主导性，它既是市场竞争的主导者，也是其他企业挑战、效仿或回避的对象，如零售业中的沃尔玛、快餐业中的麦当劳等。

企业若想成为市场领导者，需要不断积累经验，这是一个长期的过程。因此，在进

入市场初期，大多数企业通常不会选择市场领导者的定位，除非存在目标市场中没有竞争者或竞争者较少、竞争力不强等特殊情况。

2．市场挑战者

市场挑战者是指在市场上处于次要地位，但随时准备向市场领导者发起竞争并迅速后来居上的企业。

企业若想成为市场挑战者，需要面临非常大的压力，一旦挑战失败，就很难从头再来。因此，在进入市场初期，大多数企业通常不会选择市场挑战者的定位，除非掌握了市场领导者的重要漏洞或有制胜法宝。

3．市场追随者

市场追随者是指在市场上处于次要地位，短时间内不能成为市场领导者的企业。市场追随者不会向市场领导者发起进攻，而是跟随市场领导者，自觉维持共处局面。

在进入市场初期，大多数企业都会选择市场追随者的定位。市场追随者根据追随市场领导者的紧密程度可分为以下几种。

（1）紧密追随者。紧密追随者会在各个方面模仿市场领导者的做法，并低调行事，避免引起市场领导者的关注。这种追随者往往很少关心市场的开发和培育，主要依靠获取市场领导者的残余市场来生存。

（2）距离追随者。距离追随者会在细分市场、分销渠道等方面模仿市场领导者，但又与市场领导者保持一定的差异，避免直接竞争。这种追随者通常会密切关注市场领导者的战略和行为，不断追赶市场领导者的步伐，并从中学习优点。

（3）选择追随者。选择追随者会择优模仿市场领导者的某些做法，如行之有效的策略等，并在其他方面进行改进，发挥自己的独创性。这种追随者往往会选择与市场领导者不同的细分市场，最有可能发展为市场挑战者。

4．市场补缺者

市场补缺者是指在某些空缺市场（规模较小或大型企业不感兴趣的市场）实行专业化、差异化经营，以避免与竞争者发生冲突的企业。

市场补缺者属于拾遗补阙、在夹缝中生存的定位，需要密切关注市场发展和竞争者的动态，不断学习和改进，以保持市场敏感性和灵活性。因此，在进入市场初期，实力较弱的中小企业一般会选择市场补缺者的定位。需要注意的是，市场补缺者虽然在市场中定位较弱，但也有机会通过创新服务产品来扩大市场份额。

企业定位对服务产品定位起着强化作用。企业定位一旦成功，其服务产品定位也会相应得到巩固，并为企业带来长期效益。

（三）服务产品定位

服务产品可以是有形的事物，如饭店的各种饭菜、酒水等，也可以是无形的事物，如法律咨询、音乐等。服务产品定位的目的就是让这些有形或无形的事物在客户心目中留下深刻的印象。

服务产品定位包括服务产品组合定位和服务产品个别定位。服务产品组合定位是对系列服务产品进行定位，服务产品个别定位是对某一特定服务产品进行定位。两者都是将服务产品定位在客户心目中，只要客户产生了相关需求，就会自然而然地想到这种服务产品，从而达到先入为主的效果。需要注意的是，服务产品组合定位需要企业明确提供哪些类别、档次、特色的服务产品，主要为哪些消费群体服务等。

三、服务市场定位的策略

（一）迎头定位策略

迎头定位策略是指企业与强势的竞争者（如市场领导者）正面交锋的做法。这是一种“针锋相对”“明知山有虎，偏向虎山行”的定位策略。

服务市场定位的方法

迎头定位策略虽然会给企业带来一定的风险，但是可以激发企业的潜能，使企业时刻用高标准要求自己并奋发向上。迎头定位策略一旦成功，企业就能够获得巨大的市场份额和竞争优势。例如，肯德基与麦当劳经常采取迎头定位策略，一个推出香辣汉堡，另一个马上推出麦香汉堡，良性竞争，共同发展。

当然，企业采取这种定位策略时必须充分认识到自己的实力和潜力，做到知己知彼，没有必胜的把握不可盲目行事。具体来说，企业采取这种定位策略必须关注以下几点。

（1）评估目标市场容量是否足以承载自身和现有竞争者的服务产品供应。目标市场容量如果不足，可能会导致激烈的竞争和资源争夺，影响企业的经营利润和发展空间。

（2）提供的服务产品是否具有区别于竞争者的特色，如形式更新颖、流程更便利、人员更专业、环境更幽雅等。

（3）是否具有与迎头定位策略相匹配的资源、实力、声望、战略目标和应变力。

（二）避强定位策略

避强定位策略是指企业避开强势的竞争者，转而去抢占市场薄弱空间的做法。这是一种安全的、保守的定位策略。

避强定位策略不仅有助于企业在市场上快速地站稳脚跟，形成差异化竞争优势，还

有助于企业在客户心中树立鲜明的品牌形象。因此，避强定位策略在企业竞争中被广泛认可和采用。

虽然这种策略的市场风险较小，成功率较高，但企业需要放弃较好的市场机会。具体来说，企业采取这种定位策略必须具备以下几个条件。

（1）具备提供高品质特色服务产品的技术、设备和人员条件。

（2）在低价进入的前提下，仍能实现基本的利润目标。

（3）能有效地传达“本企业服务产品的性价比要高于其他服务企业”的市场信息。

（三）重新定位策略

重新定位策略是指企业根据市场变化改变或调整自身定位的做法。当市场环境发生变化时，企业需要打破现有的市场定位体系，在服务产品、服务品牌、经营性质、营销领域等方面建立新的市场定位体系，从而获得新的、更大的市场活力。

重新定位策略具有一定的风险，这不仅需要企业在内部达成共识，还需要重新获得消费群体对定位的认可。具体来说，企业采取这种定位策略必须具备以下几个条件。

（1）原有定位不准确，没有体现出服务产品的特点或不能达到营销目标。

（2）经营环境、竞争者或目标消费群体发生了变化。

（3）随着科技、经济的发展，需要进入新的竞争领域或找到了更有意义的新定位。

同步案例

珠海机场的重新定位

由于地理位置原因，珠海机场旅客较少，曾因欠下巨额工程款而面临巨大的财政危机。经过咨询策划，珠海机场抓住物流全球化的发展机遇，将自身重新定位为国际航空货运枢纽港。传统的航运是“重客轻货”“货随客走”，而珠海机场是纯货运或以货运为主。经过重新定位，珠海机场将旅客少的劣势转变为优势，并积极整合周围大量满足货运枢纽需要的配套设施，利用每年 10 万架次的营运保障能力，逐步发展成为东南亚地区国际化物流航空港。

珠海机场的重新定位既避免了与珠江三角洲其他客运机场的正面竞争，也可与其他机场形成互补，赢得了生存空间。

（资料来源：张薇，《丘昌贤：将珠海机场打造成为粤港融合发展的典范》，中国民航网，2023 年 1 月 11 日）

强化训练

知识检测

一、不定项选择题

1．服务市场可以从地理因素、人口因素、心理因素和（　　）4 个方面进行细分。

A．文化因素　　B．行为因素

C．宗教因素　　D．生活方式

2．服务市场细分的原则包括（　　）。

A．可衡量性原则　　B．可区分性原则

C．可营利性原则　　D．可进入性原则

3．企业选择服务目标市场时，需要参考的重要因素不包括（　　）。

A．服务细分市场的规模和发展潜力

B．服务细分市场的获利水平

C．企业的资源、技术和能力

D．企业的历史和制度

4．服务目标市场的营销策略包括（　　）。

A．无差异营销策略　　B．全球性营销策略

C．差异化营销策略　　D．集中化营销策略

5．企业进入服务目标市场的模式不包括（　　）。

A．市场集中化模式　　B．产品专业化模式

C．人员专业化模式　　D．选择专业化模式

6．进入服务目标市场后，企业可以选择的市场定位包括（　　）。

A．市场领导者　　B．市场挑战者

C．市场追随者　　D．市场补缺者

7．企业采取避强定位策略必须具备的条件不包括（　　）。

A．目标市场容量足以承载现有竞争者和企业自身的服务产品供应

B．具备提供高品质特色服务产品的技术、设备和人员条件

C．在低价进入的前提下，仍能实现基本的利润目标

D．能有效地传达“本企业服务产品的性价比要高于其他服务企业”的市场信息

二、判断题

1. 因为中小企业所拥有的资源更有限，技术水平相对较低，缺乏竞争力，所以服务市场细分对中小企业来说尤为重要。（　　）

2. 由于地理因素的特征显著，且适用范围较广，大多数企业都会将其作为服务市场细分的主要标准和思路。（　　）

3. 企业对服务市场的细分越细越好。（　　）

4. 产品专业化模式强调服务产品的专业化，即服务产品就是核心竞争力。（　　）

5. 避强定位策略在企业竞争中被广泛认可和采用。（　　）

三、简答题

1. 简述服务市场细分和服务市场定位的含义。

2. 简述服务市场细分的作用。

3. 简述企业采取重新定位策略必须具备的条件。

案例分析

如家酒店：靠精准定位赢得市场

如家酒店是中国知名的连锁经济型酒店，在国内具有广泛的知名度和影响力，其所倡导的“五星服务、四星大堂、三星品质、二星价格”深深吸引了大批客户。

在酒店服务行业，豪华的星级酒店价格偏高，廉价的旅馆又不够舒适。因此，满足高端商务需求的星级酒店大多处于亏损状态，而面向低端客户的小旅馆则始终得不到客户的认可。

基于此，如家酒店通过精准的市场定位，找到了价格和舒适度之间的平衡点，努力提升酒店服务的性价比，从而更好地满足客户需求。具体来说，如家酒店瞄准对价格和服务品质有一定要求的客户，将房价设置在 159～299 元的范围，远低于星级酒店。同时，为了保证高质量、低价格的服务，如家酒店剔除了豪华酒店当中的桑拿、KTV、酒吧等设施，设置简单温馨的装修风格，给客户“家”的感觉。

（资料来源：郑锐洪，《服务营销：理论、方法与案例（第 3 版）》，机械工业出版社，2023 年）

结合所学知识回答以下问题：

1. 如家酒店是怎样界定自己的经营范围和特色的？

2. 如家酒店的成功要素主要有哪些？

拓展实训

任务描述

以小组为单位，选择一家当地企业，围绕企业的市场定位收集相关案例和资料，然后结合所学知识完成以下任务。

（1）明确该企业现有的市场定位，分析其定位的优缺点，说明其成功或失败的原因。

（2）通过实地调查，了解该企业的市场环境、客户需求、竞争者情况，按照一定的条件细分服务市场，并结合企业的经营状况进行有效的市场定位。

（3）组织内容研讨会，集中大家的研究结果，形成详细的书面文件，并根据书面文件制作一份演示文稿，然后派出一名代表在课堂上进行汇报。

任务分配

全班学生以6～8人为一组进行分组，各组选出组长并进行任务分工，然后将小组成员及分工情况填入表2-7中。

表2-7 小组成员及分工情况

<table>
<tr><td>班级</td><td></td><td>组号</td><td></td><td>指导教师</td><td></td></tr>
<tr><td>任务内容</td><td colspan="5"></td></tr>
<tr><td>小组成员</td><td>姓名</td><td>学号</td><td colspan="3">任务分工</td></tr>
<tr><td>组长</td><td></td><td></td><td colspan="3"></td></tr>
<tr><td rowspan="7">组员</td><td></td><td></td><td colspan="3"></td></tr>
<tr><td></td><td></td><td colspan="3"></td></tr>
<tr><td></td><td></td><td colspan="3"></td></tr>
<tr><td></td><td></td><td colspan="3"></td></tr>
<tr><td></td><td></td><td colspan="3"></td></tr>
<tr><td></td><td></td><td colspan="3"></td></tr>
<tr><td></td><td></td><td colspan="3"></td></tr>
</table>

任务实施

将实训任务的具体完成情况记录在表2-8中。

表 2-8　实训任务完成情况记录表

时间和任务安排	实施步骤
	1．拆解任务，认识任务中的重点和难点，包括：
	2．确定本组选择的企业，以及使用的信息检索方法，包括：
	3．记录本组收集的企业信息和相关案例，包括：
	4．对企业现有的市场定位进行分析，并说明其定位成功或失败的原因，包括：
	5．根据所学知识，结合所选企业的经营状况，提出调整或改进市场定位的策略，包括：
	6．根据研讨会，整理研究结果，总结重点内容，包括：
	7．按要求制作演示文稿，进一步讨论并改进，包括：
	8．各小组代表在全班同学面前进行展示，教师和其他小组成员可以提问或发表意见，包括：

学习成果评价

指导教师可以根据学生的课堂表现、实际学习成果和任务完成情况对其进行评价。学生配合指导教师共同完成学习成果评价表（见表 2-9）。

表 2-9　学习成果评价表

班级		组号		日期	
姓名		学号		指导教师	
学习成果					
评价维度	评价指标	评价标准	分值	评价分数	
				自评	师评
素养评价 20%	学习态度	刻苦认真，勇于钻研	5		
	纪律意识	遵守课堂纪律，认真完成课堂作业与课后作业	5		
	互动意识	积极发言，完成课堂互动	5		
	团队精神	尊师爱友，积极合作，团结奋进	5		
知识评价 20%	基础知识	了解服务市场细分的含义、作用和标准	2		
		了解企业选择服务目标市场的参考因素	2		
		熟悉服务目标市场的进入模式和营销策略	3		
		掌握服务市场定位的内涵、层次和策略	3		
	应用知识	能够根据企业的经营目标确定服务目标市场的进入模式	5		
		能够结合企业的长期目标对服务市场进行准确定位	5		
能力评价 30%	检索能力	熟练应用多种信息检索方法	5		
	实践能力	对所选企业了解透彻，分析深入	10		
	探索创新能力	在实践过程中有新的想法或思路，有自主探究学习的意识	15		
成果评价 30%	时间观念	按时完成实训任务	5		
	演示文稿	清晰流畅、重点突出、详略得当	10		
		正确分析企业定位失败的原因，并提出调整或改进市场定位的策略	15		
合计			100		
总评	自评（30%）+师评（70%）=		教师（签名）：		

项目三

开发优质产品，提升品牌价值

项目导读

优质的服务产品可以为企业建立良好的口碑和声誉，形成品牌基础。强大的品牌形象可以提升服务产品的价值和吸引力，进一步提高销量和市场占有率。因此，企业应将服务产品和品牌战略有机结合，通过不断创新，打造与品牌形象一致的服务体验，争取市场竞争的主动权，从而获取持续的经济效益。

素养目标

（1）树立品牌营销的意识，提升策划能力和执行能力。

（2）具备正确认识问题、分析问题、解决问题的能力。

知识目标

（1）了解服务产品的整体概念，熟悉服务产品组合及其策略。

（2）熟悉服务新产品的特征，掌握服务新产品开发的策略。

（3）理解服务品牌的构成要素，掌握服务品牌的建设与维护。

技能目标

（1）能够根据企业的经营目标，选择合适的服务产品组合策略。

（2）能够根据企业的实际情况开发服务新产品。

（3）能够根据企业的服务特色，建设合适的服务品牌，并对其进行维护。

开篇案例

主题公园的奇迹——大唐芙蓉园

大唐芙蓉园是中国第一个全方位展示盛唐风貌的大型皇家园林式文化主题公园。为了让游客"感受大唐人文，体验大唐生活"，实现可观赏、可体验、可感受、可学习、可消费的旅游经历，大唐芙蓉园划分了12个功能区，分别演绎12个大唐主题文化，即帝王文化、唐诗文化、科举文化、女性文化、宗教文化、饮食文化、茶文化、智乐文化、外交文化、民俗文化、歌舞文化、大门特色文化。

例如，紫云楼是帝王文化的主要展示场所，通过展示唐代宫廷文化，如唐太宗的文韬武略、武则天的女皇风采、唐玄宗的风流多艺等，让游客切身感受盛唐的博大开放与辉煌灿烂。又如，仕女馆是女性文化的主要展示场所，从服饰、体育、参政、爱情等方面展示唐代女性积极向上、乐观自信的精神风貌。平时，大唐芙蓉园会通过节日庆典或巡游活动等，将12个主题文化串联起来，使游客徜徉在中华民族的精神故乡。

此外，众多的艺术场馆、公共空间也展现了陕西地方文化和民间艺术。在这里，闻名中外的安塞腰鼓、陕北剪纸等，历史悠久的长安古乐、秦腔戏、眉户戏、信天游等，都原汁原味地呈现在游客眼前。

（资料来源：归派高杰，《主题公园的奇迹——大唐芙蓉园》，归派国际网，2023年4月4日）

问题思考：大唐芙蓉园是如何打造服务产品和品牌的？

任务一 服务产品及其组合

一、服务产品

（一）服务产品的整体概念

一个完整的服务产品包括核心服务、便利性服务和支持性服务3个层次，如图3-1所示。

1．核心服务

核心服务是指企业为客户提供的基本服务或客户希望得到的核心利益，如酒店提供的住宿服务、银行提供的储蓄服务等。一个企业可以有多种核心服务，如航空公司同时提供旅客运输服务和货物运输服务。

2. 便利性服务

便利性服务是指企业为方便客户使用核心服务而开展的一系列活动。便利性服务可以为客户创造良好的服务体验，如酒店提供的停车服务、银行提供的网上银行服务等。

3. 支持性服务

支持性服务是指企业提供超过客户期望的服务和利益，以期与竞争者的服务区分开来的活动，如酒店提供的租车信息查询服务、银行提供的查账服务等。此外，有些企业通过整合服务能力，提供整体解决方案，甚至是“一条龙”式的服务，如婚庆服务公司提供的婚纱摄影、婚宴定制、蜜月旅行等一系列服务。

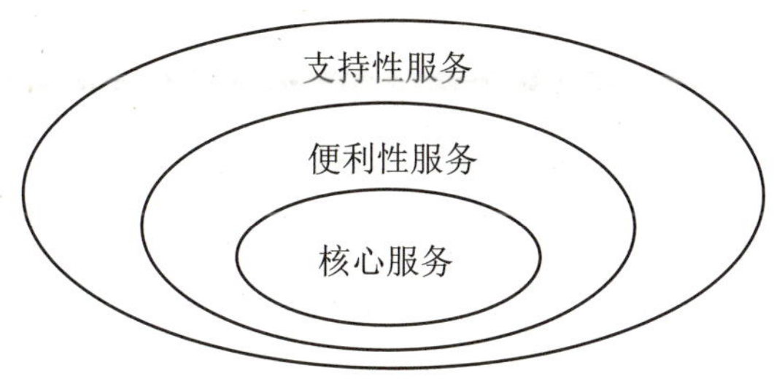

图 3-1　服务产品的层次

服务贴士

服务的性质或功能不是一成不变的。有些服务在某些场合是便利性服务，在其他场合则可能转变为支持性服务。对于服务产品而言，便利性服务是不可或缺的，是必要条件；而支持性服务的缺少只会导致服务缺乏竞争力。

（二）服务产品与有形产品的区别

一般来说，有形产品在生产过程主要依托有形物品，而服务产品既要依托有形物品，又要依托无形服务。例如，健身房私人教练不仅需要依托健身器械等有形物品，还需要提供无形的个性化健身计划和指导服务。服务产品与有形产品的区别如表 3-1 所示。

表 3-1　服务产品与有形产品的区别

服务产品	有形产品
形式不同	形式相似
生产、消费过程同时进行	生产、消费过程可分离
客户参与生产过程	客户不参与生产过程
一种行为或过程	一种物品

续表

服务产品	有形产品
核心价值在买卖接触中形成	核心价值在生产过程中形成
不可储存（即时消费）	可以储存
所有权不能转让	所有权可以转让

知识视窗

企业树立服务产品整体概念的意义

企业树立服务产品整体概念的意义深远，主要包括以下几点。

（1）便于企业明确服务产品的市场地位，确定服务市场细分的标准。例如，航空公司通过分解核心利益，设置商务舱和经济舱。

（2）便于企业发现客户的多样化需求，促进服务产品的不断创新。例如，主题酒店在满足客户核心利益的基础上进行创新，针对客户的差异化需求研发服务新产品，并不断适应客户的需求变化。

（3）便于企业制订更全面的服务产品战略，提高服务产品的市场竞争力。例如，物流公司通过引入物联网技术和智能化设备，提高物流服务的效率和准确性。

二、服务产品组合

服务产品组合类似于有形产品组合，是企业提供的全部服务产品线和服务产品项目。其中，服务产品线，又称“服务大类”或“服务产品系列”，即一组密切相关的服务产品项目。以某酒店为例，其服务产品组合如表 3-2 所示。

表 3-2　某酒店的服务产品组合

服务产品线	服务产品组合项目
客房服务	单人间、标准间、双人间、双套间、多套间、总统套间
餐饮服务	中餐、西餐、酒吧、咖啡厅、风味小吃
会务服务	贸易展销会、化装舞会、鸡尾酒会、宴会
购物休闲服务	日用品店、足疗店、服装店、箱包店、美容美发店

会务服务是指为各类大中型会议、展览或团队活动提供全程策划执行的综合性服务项目。

（一）服务产品组合的宽度

服务产品组合的宽度是指服务产品线的总数。在表 3-2 中，客房服务、餐饮服务、会务服务、购物休闲服务均属于该酒店的服务产品线。也就是说，该酒店服务产品组合的宽度为 4。

服务产品组合的宽度表明了企业经营范围的大小，以及企业实行跨行业经营或多元化经营的程度。企业可以通过增加服务产品组合的宽度，充分利用自身资源发挥自身优势，以获取规模化的经济效益。

（二）服务产品组合的长度

服务产品组合的长度是指各类服务产品线所包含的服务产品项目的总数。在表 3-2 中，客房服务、餐饮服务、会务服务、购物休闲服务等服务产品线包含的服务产品项目数量分别为 6、5、4、5。也就是说，该酒店服务产品组合的长度为 20（6+5+4+5）。

服务产品组合的长度没有固定的标准，它因企业而异、因时而异。企业如果能通过增加服务产品项目的数量提高经济效益，则说明其服务产品线太短，需要延伸服务产品组合的长度；如果能通过削减服务产品项目的数量提高经济效益，则说明其服务产品线太长，需要缩减服务产品组合的长度。

同步案例

马蜂窝旅游网的服务产品

马蜂窝旅游网（以下简称“马蜂窝”）是我国领先的自由行服务平台之一，其主要提供以下几种旅游服务产品。

一、旅游攻略

旅游攻略是马蜂窝的核心服务产品。马蜂窝提供的旅游攻略不仅包括旅游中基本的吃、穿、住、行等信息，还包括如何办理签证、如何退税及当地风情等信息，且这些信息都是实时更新的。

此外，马蜂窝还按不同的旅游主题对旅游攻略进行分类，如南京美食攻略、亲子游攻略、北京郊区春游赏花攻略、音乐节攻略、啤酒节攻略等，以帮助游客全方位、系统性地了解旅游信息。

二、旅游信息查询

为方便游客出行，马蜂窝提供了一系列信息查询服务，如酒店、机票、保险、签证办理等。此外，马蜂窝还与国内其他旅游网站合作，提供相应服务的链接和比价，方便游客按需查询，有效提升了查询信息量和查询速度。

三、旅游翻译官

旅游翻译官将常用外语语种应用到旅游中的大多数场景，并支持游客免费下载真人语言包，帮助出境游客解决语言不通的问题，使其轻松走遍世界每一个角落。

四、旅游点评

旅游点评方便游客对不同的景点、酒店、餐厅进行点评，并支持游客将点评信息分享到多种社交平台。

（资料来源：《马蜂窝攻略不止于“旅游”，从目的地到兴趣玩法全覆盖》，中国财经网，2021 年）

三、服务产品组合策略

由于市场竞争和客户需求的变化，企业的服务产品组合不可能一成不变。这就要求企业及时分析、调整现有的服务产品组合，以更好地满足客户需求。常用的服务产品组合策略有以下几种。

（一）扩大服务产品组合策略

扩大服务产品组合策略主要表现为企业增加服务产品线的数量。以表 3-2 为例，该酒店可以在原有服务产品线的基础上增加票务服务（代售火车票、代售飞机票）、其他旅游代理服务（代售旅游景点门票）等。扩大服务产品组合策略可以增强企业的适应性，为企业创造持续的经济效益。

如何制订服务产品组合策略

（二）缩减服务产品组合策略

缩减服务产品组合策略主要表现为企业减少服务产品线的数量。以表 3-2 为例，如果会务服务不赚钱，该酒店可以考虑去掉这条服务产品线。缩减服务产品组合策略有助于企业实施专业化经营，深耕目标市场，满足客户需求，增强市场竞争力。

（三）服务产品线延伸策略

服务产品线延伸策略主要表现为企业改变原有服务产品的市场定位，增加或减少服务产品线中服务产品项目的数量。

1. 向上延伸

向上延伸是指企业在原有的服务产品线中增加高档服务产品项目，适用于原来定位中低档服务市场的企业，如某连锁超市升级成购物中心。一般来说，通过向高档服务产品延伸，企业能够进入高档服务产品市场，从而有效提升服务品牌价值，改善服务品牌形象。

2. 向下延伸

向下延伸是指企业在原有的服务产品线中增加中低档服务产品项目，适用于原来定位高档服务市场的企业。一般来说，企业可以通过推出中低档服务产品来提高市场占有率，以增加经济效益。例如，某高档酒店以二、三线城市为重点目标，投资建设了一批经济型酒店，并获得了可观的经济效益。企业采取向下延伸策略的原因如下。

（1）中低档服务产品市场存在空隙，销售和利润空间较为可观。

（2）高档服务产品受到竞争者的威胁，试图通过拓展中低档服务产品市场来反击竞争者。

（3）弥补自身中低档服务产品市场的空白，防止竞争者抢占先机。

3. 双向延伸

双向延伸是指企业在中档产品市场取得优势后，同时向服务产品线的上、下两个方向延伸。例如，金融服务业通常一边着力开发高端 VIP 客户，一边大力拓展农村乡镇市场，并采用不同的营销组合策略，追求市场份额的最大化。

面对客户的多样化需求，企业单从一个维度调整服务产品组合是无法令客户满意的。因此，企业应充分考虑服务产品的相关性，走多元化经营道路，以提升服务品牌知名度，巩固市场地位。

任务二　服务新产品开发

一、服务新产品

服务新产品是指与原有服务产品有一定的差异、具有新用途、能够满足客户在某方面的新需求，并为客户带来新利益的服务产品。服务新产品具有以下几个方面的特征。

（1）服务风格变化。它通过创造新鲜感，如重新装修零售店面、重新设计企业网站、为员工配备新的工作服等，来激发客户的兴趣，调动服务人员的积极性，但它通常不会涉及服务流程或服务表现的变化。

（2）服务产品创新。它主要为现有核心服务增加新的支撑性服务要素，或大幅革新现有服务产品，如零售店增加停车场和新的收款方式等。

（3）服务质量改进。它主要调整、改进现有服务产品。虽然改进后的服务质量变化不大，但是客户很容易感受到差别。

（4）主体服务创新。它通过应用新技术、新原理等创造前所未有的服务产品，如通过移动应用提供在线购物、预订服务等来满足客户需求，从而给予客户更多的选择。

二、服务新产品开发的意义

随着服务业的不断发展，市场竞争日趋激烈。企业要想长久地占领市场，就必须不断地更新、拓展服务产品，以适应不断变化的市场需求。一般来说，服务新产品开发的意义主要体现在以下几个方面。

（1）保持市场竞争力。企业应不断创新并推出新的服务产品，以满足市场需求，从而在激烈的市场竞争中保持优势。

（2）维持业务增长。企业应及时更新或替换服务产品组合中不合时宜且营业额锐减的服务产品，以保证经济效益的持续增长。

（3）创造额外收益。企业应利用闲置的生产能力或设施，如多余的剧院座位、健身设施等，引入服务新产品，从而创造额外的收益。

（4）降低季节性波动的影响。企业应开发服务新产品，以平衡季节性销售波动，提高整体业绩的稳定性。例如，旅游业开发夏季海滨度假、冬季滑雪之旅等特色旅游服务。

（5）降低风险。企业应利用服务新产品平衡服务销售组合，分散主力服务产品的销售风险。

（6）创造新机会。企业应规划和开发服务新产品，建立竞争优势，创造新的市场机会，并吸引更多的客户。

三、服务新产品开发的策略

企业开发服务新产品时，往往需要投入大量的资金和时间。因此，企业必须审时度势、深谋远虑，选择合适的服务新产品开发的策略。服务新产品开发的策略主要有以下几种。

（一）领先策略

领先策略，又称“抢占市场策略”，是指企业率先推出全新服务产品，并利用全新服务产品的独特优势占据市场有利地位的策略。例如，某酒店率先推出了智能客房服务，这种智能客房不仅可以通过语音控制灯光、窗帘等设备，还可以根据客户的偏好提供个性化的音乐、电影推荐服务。

旅行社产品开发案例——“纯玩团”引领出游新时尚

领先策略可以使企业在市场上捷足先登，并利用先入为主的优势，获取丰厚的利润回报和品牌价值。但是，领先策略通常需要企业投入巨大的

开发资金和推广成本，适用于实力雄厚且能预测市场变化及其变动趋势的企业。

（二）跟随超越策略

跟随超越策略是指企业将技术引进与自行研发相结合，仿制和改进其他企业推出的服务产品，借以推出自身服务新产品的策略。这种策略以跟随为先导，以超越为目标，实质是学习、模仿、创新、超越。

跟随超越策略既可以规避市场风险，又可以节约研究和开发费用。企业如果有能力对市场领导者开发的服务产品进行建设性改进，则可能后来者居上，抢占市场先机。但是，跟随超越策略存在一定的法律风险，可能导致企业陷入法律纠纷，损害企业形象。

（三）更新换代策略

更新换代策略是指企业在原有服务产品的基础上，采用新技术、新材料、新工艺等开发出具有更高技术性能的服务新产品的策略。例如，软件公司推出的全新操作系统保留了与旧系统兼容的特性，方便用户逐步适应新系统的界面和功能。

更新换代策略是一种传统、稳健的服务新产品开发策略，因为产品更新换代是科学技术进步和市场变化的必然要求，不需要企业花费巨大的开发费用，也不需要企业承担较大的市场风险。

（四）系列延伸策略

系列延伸策略是指企业根据市场需求的变化，推出服务新产品的策略。例如，某旅游公司推出了针对年轻人的自助游产品，某快递公司推出了针对电商平台的定制化物流服务产品，等等。

系列延伸策略的本质是服务品牌延伸和服务产品线拓展，它能够利用企业原有的资源与优势，承担较小的经营风险，因此被大多数企业广泛采用。

同步案例

X 企业的服务拓展

X 企业以汽车维修起家，以“除了驾驶，其他事情都交给车保姆来做”为企业愿景，践行跨界经营理念，整合保险公司、维修站、交通队、拖车公司、加油站等多家资源，拓展投保、救援、索赔、咨询等贴心服务，真正实现了让车主从“烦琐的事故理赔”中解放出来的服务价值，深受广大车主的欢迎。

任务三 服务品牌建设

一、服务品牌的构成要素

企业通常会通过一系列的标识、口号、形象、宣传活动来表现服务产品的特定形象，从而形成服务品牌。服务品牌不仅是客户用以识别服务产品的特定标志，更是企业服务理念、服务质量、服务体验、客户感知的综合体现。一个成功的服务品牌能够赢得客户的信任，提高客户忠诚度，从而提升企业的市场地位和竞争力。

一般来说，服务品牌由表层要素和内层要素构成。

（一）表层要素

1. 品牌名称

品牌名称是指服务品牌中可以用语言表达的部分，是构成服务品牌的基础，通常由文字、字母构成，如招商银行、中国铁建等。好的品牌名称应与服务产品有清晰的内在联系。例如，“中国铁建”这一品牌名称表明了企业的主营业务与铁路和基建建设有着明显的内在联系。

2. 品牌标志

品牌标志是服务品牌的视觉语言，主要是指服务品牌中可以被识别，但无法用语言表达的部分，即字样、颜色、符号、图案或其他独特的视觉设计。好的品牌标志应独特、醒目、简洁。例如，中国石油天然气集团有限公司（以下简称“中国石油”）的品牌标志为红黄两色构成的十等分花瓣图形，象征中国石油多项主营业务的集合，中心是太阳初升的形态，光芒四射，象征着中国石油朝气蓬勃，前程似锦。

服务贴士

品牌标志是凝结企业智慧的无形财产。不正当地使用他人的品牌标志，不仅会损害企业和客户的利益，而且会严重妨碍国内外贸易秩序。因此，品牌标志一经注册，就成为知识产权国际条约的重要保护对象。

（二）内层要素

1. 品牌联想

品牌联想是指客户根据服务产品的品牌名称和品牌标志联想到的特定功能、属性和

利益。品牌联想可以帮助企业构建服务品牌与特定功能或利益之间的关联，从而强化服务品牌在客户心目中的形象。例如，当提及顺丰或看到顺丰的品牌标志时，客户便会联想到高效、便捷的快递服务。

2．品牌情感

在服务品牌认知过程中，客户可能会因服务品牌的独特形象、社会责任感、品牌故事等产生情感连接，并对服务品牌产生积极的情感认同。这种情感认同会极大地影响客户对服务品牌的态度和忠诚度。例如，作为中国科技企业的代表，华为技术有限公司通过持续的创新和国际化发展，赢得了全球客户的尊重和认可。客户购买其服务产品时，不仅是购买了一个服务产品，更是对其所代表的中国科技力量的支持。

服务贴士

品牌联想主要与服务产品的客观属性、效用和利益相联系，而品牌情感则主要与客户的主观感知、评判和偏好相联系。

3．品牌个性

品牌个性强调本品牌与市场上其他品牌的差异，主要体现在外在形象与企业经营理念上。服务品牌的个性形象越突出，对客户的影响越深刻，市场优势就越明显。因此，企业在塑造、宣传服务品牌时，应不遗余力地为其注入鲜明、独特的个性色彩，以增强服务品牌的吸引力。例如，某咖啡连锁品牌致力于提供舒适、温馨的第三空间环境，鼓励客户在这里享受悠闲时光，进行社交互动。

4．品牌文化

品牌文化是指服务品牌所代表的价值观、理念、传统、故事，以及服务品牌与客户、员工、合作伙伴之间的情感联系和互动，是服务品牌的精神核心和力量源泉。品牌文化可以有效扩大服务品牌的市场优势，使服务品牌拥有更持久的生命力。例如，孔府家酒业曾经的广告词“孔府家酒，让您想家”，正是其品牌文化的生动体现。这句广告词巧妙地融入了中国传统的“家”文化，触动了人们内心深处的情感。

知识视窗

服务品牌效应

服务品牌效应是指企业创造的服务品牌在社会或经济等方面产生的影响。从社会角度讲，服务品牌效应可以提高企业的知名度和声誉；从经济角度讲，服务品牌效应可以使企业获得持续的经济效益。一般来说，服务品牌效应包括以下几种情况。

一、磁场效应

磁场效应，即服务品牌如磁石一般吸住客户，并使之成为企业的忠实客户。知名度、美誉度较高的服务品牌通常会在现有客户中建立起较高的品牌忠诚度，使客户反复购买该服务产品并形成习惯，从而帮助企业巩固市场地位，增强市场竞争力。

二、扩散效应

扩散效应，即服务品牌的宣传范围能够不断扩散。知名度、美誉度较高的服务品牌往往会获得客户的信任和好感，这些客户不仅会将这份信任和好感传递给周围的人，还会延伸至企业所推出的服务新产品上，从而使服务品牌在广度和深度上形成扩散效应，提高企业的市场占有率。

三、聚合效应

聚合效应，即多个因素、资源或实体聚集在一起产生的整体效应，能够帮助企业在短时间内迅速成长为大型集团。知名度、美誉度较高的服务品牌往往会吸引较多的优质资源或供应商。这样一来，企业可以在更大范围内寻找合作伙伴、通过多元化途径获得资金支持、更好地吸引优秀的高素质人才等。

课堂讨论

有人说："产品是实，品牌是虚。只有实，没有虚，产品卖不好。"有人说："产品与产品之间日趋同质化，但贴上品牌的标签，命运就截然不同了。"

你认同上述说法吗？为什么？请说说自己的想法，并与同学们讨论。

二、服务品牌的建设

服务品牌建设的目标是提升服务品牌的知名度和美誉度。一般来说，服务品牌的建设需要经过服务品牌的定位、服务品牌的形象设计、服务品牌的塑造等环节。

（一）服务品牌的定位

服务品牌的定位是指企业确定服务品牌的属性、功能、市场地位及客户利益，从而在目标客户心中建立一个与众不同、个性鲜明的形象。企业在定位服务品牌时，应在市场定位的基础上赋予服务品牌相应的核心理念。

服务品牌定位的关键在于创造差异化，融入有特色、有个性的元素。例如，23℃是比较适宜人活动的环境温度，某银行创办了独特的"23℃金融服务品牌"，通过体贴入微的银行服务，为客户营造最佳的"心理舒适温度"。

需要注意的是，服务品牌的定位并不是宣传服务产品本身，而是挖掘服务产品的核心理念或价值主张。例如，香格里拉酒店通过其独特的定位，成功地在人们心中树立了一个世外桃源和最接近天堂的地方的形象。这种定位不仅让客户对香格里拉酒店产生了美好联想，还使其在众多酒店中脱颖而出，成为许多人向往的旅游目的地。

（二）服务品牌的形象设计

服务品牌的形象设计包括品牌名称的命名和品牌标志的设计。

1．品牌名称的命名

企业要想打造一个强势的服务品牌，就要确定一个好的品牌名称，以便在客户心中留下深刻的印象，更好地打开市场销路。一般来说，品牌名称的命名需要遵循以下几项原则。

（1）受法律保护原则。企业应考虑品牌名称是否侵权、能否注册成功。再好的品牌名称，如果无法注册，就得不到法律的保护。

（2）简单易记原则。品牌名称应简单明了，易于发音和记忆，最好不要超过 5 个字，如平安保险、王府井百货等。

（3）新颖独特原则。品牌名称应与众不同，具有“万绿丛中一点红”的效果，如翡翠世界酒店等。

（4）暗示功能属性原则。品牌名称应巧妙地与服务功能属性联系起来。例如，绿洲酒店将服务功能属性与自然环境相结合，营造出一种宁静、放松和舒适的氛围。

（5）符合文化习俗原则。不同国家或地区因民族文化、风俗习惯和语言文字等存在差异，对同一品牌名称的认知和联想是截然不同的。因此，品牌名称要适应目标市场的文化习俗。

（6）通用性原则。品牌名称应具有一定的延伸空间，使品牌能覆盖到其他品类。例如，“艺悦”这一品牌名称结合了“艺术”和“愉悦”的含义，适用于艺术品销售、艺术教育、文化活动组织、酒店、娱乐等多种服务领域。

同步案例

老凤祥的命名

创建于 1848 年的老凤祥有着悠久的历史，是中国首饰业的世纪品牌。伴随着历史沧桑的巨变，经历了百年风雨的洗礼，老凤祥以丰富厚实的经验和经久不衰的活力打造了一条“传承经典、创新时尚”的品牌之路。如今，“老凤祥”已先后荣登“中国驰名商标”“中国商业名牌”“中国名牌”“中国 500 强最具价值品牌”“亚洲品牌 500 强”“全球珠宝 100 强”等荣誉榜。

老凤祥3个字中，“老”表示资历深厚，足以让人信赖，“凤祥”则是女性至美的象征，并寓意吉祥如意。老凤祥以凤凰的形态和汉字组成的标志，正是象形标志与寓意性标志的完美结合，生动地诠释了百年珠宝老店的品牌形象。此外，老凤祥依托原有的黄金饰品发展各类珠宝首饰业务，不仅在首饰及旅游纪念品行业开辟了新市场，也提高了原有品牌的知名度。

（资料来源：君君，《老凤祥专访：传承为本 创新为魂，老凤祥擦亮百年民族品牌“金名片”》，中国国家品牌网，2023年5月13日）

2．品牌标志的设计

作为传播服务品牌形象的核心图形，品牌标志的优劣关系到服务品牌战略的成败。一般来说，品牌标志的设计应符合以下几个要求。

（1）简单明了。纵观知名品牌，其标志都十分简单，甚至可以用手立即画出来，如麦当劳的“M”。

（2）新颖别致。品牌标志应有独特的设计风格，如中国联合网络通信集团有限公司（以下简称“中国联通”）的品牌标志是互通互联的中国结。

（3）传达品牌信息。品牌标志应向客户传达企业信息，如行业、主营业务、服务种类等。例如，华夏银行股份有限公司（以下简称“华夏银行”）的品牌标志利用搏击四海、升腾向上的龙来展现其根植中华五千多年文明沃土，努力成为现代化、国际化商业银行的形象。

（三）服务品牌的塑造

随着社会经济的发展和国民素质的提高，人们的品牌意识普遍增强。因此，各企业应塑造一批具有国际影响力的服务品牌，服务于“国家品牌”强国战略。

1．传播服务品牌

企业应在服务品牌的传播上下功夫，努力塑造正面的服务品牌形象。这要求企业了解哪些媒体能最有效地将信息传递给客户，并有效利用这些媒体加强与客户之间的联系。另外，企业可以设计一个好的品牌广告语，在树立服务品牌形象的同时，使之成为影响大众的一种力量。例如，鸿星尔克的广告语“TO BE No.1（迈向第一）”倡导的是一种坚韧、拼搏的奋斗精神，是敢为天下先、争做第一的决心和勇气，是不息的追求和旺盛的斗志。

格力：让世界爱上中国造

2．提升服务整体质量

企业应在服务质量上下功夫，努力保持客户对品牌的忠诚度。这要求企业设立明确的服务标准、建立良好的沟通渠道、关注客户对服务过程的感受和反馈，从而有针对性地改进和优化服务体验，为客户提供更加细致入微的服务，提升整体的服务质量。

3. 打造品牌文化

企业应在品牌文化上下功夫，努力赋予品牌魅力十足的文化。服务可以复制，可以模仿，但是文化却难以复制、难以模仿。一个没有文化的企业是没有生命力的，也是缺乏核心竞争力的。

三、服务品牌的维护

服务品牌是企业在客户信任的基础上形成的无形资产。企业一旦失去客户的信任，其品牌价值便会一落千丈。因此，企业应悉心维护服务品牌。一般来说，服务品牌可以从以下几个方面进行维护。

（一）经营维护

1. 守法经营

良好的服务品牌形象来自日常的品牌经营。面对激烈的市场竞争，企业应采取合理、合法的竞争手段，守法经营，避免影响服务品牌在客户心目中的形象。

2. 诚信经营

良好的服务品牌形象要靠企业良好的信誉来支撑。凡是经久不衰的企业，都是在长期的经营过程中形成了良好的信誉。因此，企业要树立信誉至上的观念，持之以恒地提供优质服务，赢得客户的信任。

3. 守护品牌机密

良好的服务品牌形象需要企业保持品牌特色，而品牌特色往往是由品牌的技术、诀窍、秘方和特殊工艺支撑的。因此，企业应加大对知识产权的保护，守护品牌机密。

4. 讲究经营策略

良好的服务品牌形象要求企业讲究经营策略，避免因不当的降价或促销对服务品牌造成不良影响。因此，企业应精准定位，制订有针对性的服务营销策略。

同步案例

光大银行的经营

中国光大银行股份有限公司（以下简称“光大银行”）以“阳光在心，服务在行”为品牌理念，以“总行为分行服务，分行为基层服务，领导为员工服务，全行为客户服务”为宗旨，以“阳光服务，天天进步”为具体要求，通过优化业务流程、实施客户倾听计划、调查客户满意度等，进一步提高服务效率，提升服务质量。

同时，光大银行还开展了“对外服务提升品牌、对内服务提高效率”主题活动：一是对内正确处理管理与服务的关系，面向基层，服务基层，改善服务手段，优化服务流程，创新服务方式，提升服务效率；二是对外树立“客户至上”的服务理念，一切以客户为中心，统一服务标准，优化服务流程，建立健全服务体系，为客户带来与众不同的体验。

（资料来源：苏朝晖，《服务营销管理（第3版）》，清华大学出版社，2023年）

（二）法律维护

法律维护主要表现为企业采用法律手段维护自身的服务品牌不受侵害。首先，企业应依法注册品牌名称和标志，防止其被抢注或盗用。其次，企业应向客户普及品牌知识，让客户了解品牌的内涵，同时协助有关部门构建维护品牌的社会监督体系和防护体系。

强化训练

知识检测

一、不定项选择题

1．一个完整的服务产品包括核心服务、便利性服务和（　　）。

A．个性化服务

B．本土化服务

C．维持性服务

D．支持性服务

2．企业树立服务产品整体概念的意义包括（　　）。

A．明确服务产品的市场地位，确定服务市场细分的标准

B．发现客户的多样化需求，促进服务产品的不断创新

C．制订更全面的服务产品战略，提高服务产品的市场竞争力

D．及时更新或替换不合时宜且营业额锐减的服务产品

3．企业采取向下延伸策略的原因不包括（　　）。

A．中低档服务产品市场存在空隙，销售和利润空间较为可观

B．原来定位于中低档服务市场的服务产品想要进入高档服务产品市场

C．弥补自身中低档服务产品市场的空白，防止竞争者抢占先机

D．高档服务产品受到竞争者的威胁，试图通过拓展中低档服务产品市场来反击竞争者

4. 服务新产品的特征主要包括（　　）。

A. 服务风格变化　　B. 服务质量改进

C. 服务产品创新　　D. 主体服务创新

5. 服务新产品开发的策略包括（　　）。

A. 领先策略　　B. 跟随超越策略

C. 更新换代策略　　D. 系列延伸策略

6. 服务品牌的内层要素不包括（　　）。

A. 品牌名称　　B. 品牌联想

C. 品牌情感　　D. 品牌文化

7. 品牌名称的命名需要遵循的原则不包括（　　）。

A. 新颖独特原则　　B. 暗示功能属性原则

C. 简单易记原则　　D. 低意义性原则

8. 企业对服务品牌进行经营维护时，要做到（　　）。

A. 守法经营　　B. 诚信经营

C. 守护品牌机密　　D. 讲究经营策略

二、判断题

1. 服务产品组合的长度没有固定的标准，它因企业而异、因时而异。（　　）

2. 扩大服务产品组合策略表现为企业增加服务产品线的数量。（　　）

3. 更新换代是科学技术进步和市场变化的必然要求，需要企业花费巨大的开发费用。（　　）

4. 品牌联想是服务品牌的精神核心和力量源泉。（　　）

5. 品牌标志是服务品牌的视觉语言，主要是指服务品牌中可以被识别，但无法用语言表达的部分。（　　）

三、简答题

1. 简述常用的服务产品组合策略。

2. 简述服务新产品开发的意义。

3. 简述品牌标志的设计要求。

案例分析

新华保险的服务产品组合策略

新华人寿保险股份有限公司（以下简称“新华保险”）在业内率先提出并坚持“以客户为中心”的经营战略，秉承“回归保险本原”的保险理念与“按客户需求做保险”的经营理念，不断提升业务价值，注重价值与规模的均衡发展。特别是在产品开发设计上，新华保险不断强化保险的保障功能，更迭服务产品，满足细分市场的客户需求。

面对客户不同层次的保险需求，新华保险推出以生命保障、健康、养老、理财为主要特色的营销活动，并根据客户的经济实力和需求程度提供定制式服务，从而更好地服务民生，帮助客户规划人生、享受全面保障，具体如下。

（1）以“祥和万家两全保险”（分红型）为主，附加重疾、住院医疗、意外伤害、意外医疗等险种，满足客户对人身风险、大病救治或养老储备的基本需求。

（2）以“尊尚人生两全保险”（分红型）和“祥瑞一生终身寿险”（分红型）为主，为经济实力较强的客户搭建全面的风险防范体系，同时搭配“健康福享”等重大疾病保障类险种，为客户提供更充分的健康保障，并在客户 70 岁后返还其所交保险费。

此外，新华保险还开展了“幸运动起来，越刮越精彩”刮刮卡回馈活动，将数百万张承载祝福的幸运刮刮卡送给客户，使客户有机会享受豪礼、好运，感受来自保险之外的惊喜。

（资料来源：安贺新，《服务营销》，中国人民大学出版社，2020 年）

结合所学知识回答以下问题：

1．新华保险的服务理念是什么？

2．新华保险推出的服务产品组合包含哪些内容？

3．你认为新华保险还可以向哪些方向拓展业务？

拓展实训

任务描述

以小组为单位，选择一家企业，围绕其服务产品及品牌建设收集相关案例和资料，然后结合所学知识完成以下任务。

（1）分析该企业现有的服务产品组合，说明其优缺点，并针对缺点提出建议或策略（如扩大产品组合策略、服务产品线延伸策略等），以优化其现有的服务产品组合。

（2）重新设计现有服务品牌的名称和标志，使其更符合该企业的核心理念、市场定位及未来发展愿景。

（3）组织内容研讨会，集中大家的研究结果，形成详细的书面文件，并根据书面文件制作一份演示文稿，然后派出一名代表在课堂上进行汇报。

任务分配

全班学生以6～8人为一组进行分组，各组选出组长并进行任务分工，然后将小组成员及分工情况填入表3-3中。

表3-3　小组成员及分工情况

<table>
<tr><td>班级</td><td></td><td>组号</td><td></td><td>指导教师</td><td></td></tr>
<tr><td>任务内容</td><td colspan="5"></td></tr>
<tr><td>小组成员</td><td>姓名</td><td>学号</td><td colspan="3">任务分工</td></tr>
<tr><td>组长</td><td></td><td></td><td colspan="3"></td></tr>
<tr><td rowspan="7">组员</td><td></td><td></td><td colspan="3"></td></tr>
<tr><td></td><td></td><td colspan="3"></td></tr>
<tr><td></td><td></td><td colspan="3"></td></tr>
<tr><td></td><td></td><td colspan="3"></td></tr>
<tr><td></td><td></td><td colspan="3"></td></tr>
<tr><td></td><td></td><td colspan="3"></td></tr>
<tr><td></td><td></td><td colspan="3"></td></tr>
</table>

任务实施

将实训任务的具体完成情况记录在表3-4中。

表 3-4　实训任务完成情况记录表

时间和任务安排	实施步骤
	1．拆解任务，认识任务中的重点和难点，包括：
	2．确定本组选择的企业，以及使用的信息检索方法和实地调查方法，包括：
	3．简单记录本组收集的企业信息和相关案例，包括：
	4．分析企业现有的服务产品组合，说明其优缺点，包括：
	5．结合企业经营状况，针对其现有服务产品组合的缺点，提出优化建议或策略，包括：
	6．结合企业情况，优化其现有服务理念，设计服务品牌的名称和标志，包括：
	7．根据研讨会，整理研究结果，总结重点内容，包括：
	8．按任务要求制作演示文稿，进一步讨论并改进，包括：
	9．各小组代表在全班同学面前进行展示，教师和其他小组成员可以提问或发表意见，包括：

学习成果评价

指导教师可以根据学生的课堂表现、实际学习成果和任务完成情况对其进行评价。学生配合指导教师共同完成学习成果评价表（见表 3-5）。

表 3-5　学习成果评价表

<table>
<tr><td>班级</td><td></td><td>组号</td><td></td><td>日期</td><td colspan="2"></td></tr>
<tr><td>姓名</td><td></td><td>学号</td><td></td><td>指导教师</td><td colspan="2"></td></tr>
<tr><td>学习成果</td><td colspan="6"></td></tr>
<tr><td rowspan="2">评价维度</td><td rowspan="2">评价指标</td><td rowspan="2">评价标准</td><td rowspan="2">分值</td><td colspan="2">评价分数</td></tr>
<tr><td>自评</td><td>师评</td></tr>
<tr><td rowspan="4">素养评价
20%</td><td>学习态度</td><td>刻苦认真，勇于钻研</td><td>5</td><td></td><td></td></tr>
<tr><td>纪律意识</td><td>遵守课堂纪律，认真完成课堂作业与课后作业</td><td>5</td><td></td><td></td></tr>
<tr><td>互动意识</td><td>积极发言，完成课堂互动</td><td>5</td><td></td><td></td></tr>
<tr><td>团队精神</td><td>尊师爱友，积极合作，团结奋进</td><td>5</td><td></td><td></td></tr>
<tr><td rowspan="6">知识评价
20%</td><td rowspan="3">基础知识</td><td>了解服务产品的整体概念，熟悉服务产品组合及其策略</td><td>3</td><td></td><td></td></tr>
<tr><td>熟悉服务新产品的特征，掌握服务新产品开发的策略</td><td>3</td><td></td><td></td></tr>
<tr><td>理解服务品牌的构成要素，掌握服务品牌的建设和维护</td><td>4</td><td></td><td></td></tr>
<tr><td rowspan="3">应用知识</td><td>能够根据企业的经营目标，选择合适的服务产品组合策略</td><td>3</td><td></td><td></td></tr>
<tr><td>能够根据企业的实际情况开发服务新产品</td><td>3</td><td></td><td></td></tr>
<tr><td>能够根据企业的服务特色，建设合适的服务品牌，并对其进行维护</td><td>4</td><td></td><td></td></tr>
<tr><td rowspan="3">能力评价
30%</td><td>检索能力</td><td>熟练应用多种信息检索方法</td><td>5</td><td></td><td></td></tr>
<tr><td>实践能力</td><td>对所选企业了解透彻，分析深入</td><td>10</td><td></td><td></td></tr>
<tr><td>探索创新能力</td><td>在实践过程中有新的想法或思路，有自主探究学习的意识</td><td>15</td><td></td><td></td></tr>
<tr><td rowspan="3">成果评价
30%</td><td>时间观念</td><td>按时完成实训任务</td><td>5</td><td></td><td></td></tr>
<tr><td rowspan="2">演示文稿</td><td>清晰流畅、重点突出、详略得当</td><td>10</td><td></td><td></td></tr>
<tr><td>正确分析服务产品组合，提出的建议合理、有效，优化后的服务品牌的名称和标志富有创意</td><td>15</td><td></td><td></td></tr>
<tr><td colspan="3">合计</td><td>100</td><td></td><td></td></tr>
<tr><td>总评</td><td colspan="2">自评（30%）+师评（70%）=</td><td colspan="3">教师（签名）：</td></tr>
</table>

项目四

明确服务价格，匹配市场需求

项目导读

服务价格是营销中最为直观和敏感的要素，不仅关系到企业的利润目标，还与客户的满意度和忠诚度密切相关。合理的服务价格可以帮助企业提高市场竞争力、赢得客户的认可、树立良好的品牌形象，从而为企业的长期发展打下坚实的基础。因此，企业必须对自身的服务进行科学的、合理的定价。

素养目标

（1）具备良好的决策能力和协调能力。

（2）保持诚信，遵守职业道德和法律法规。

知识目标

（1）了解服务定价的影响因素。

（2）熟悉服务的定价方法。

（3）掌握服务的定价策略。

技能目标

（1）能够根据企业的实际情况选择合适的定价方法。

（2）能够根据服务的定价策略，为不同服务制订合适的价格。

开篇案例

蜜雪冰城的定价策略

当代年轻人对奶茶的热衷和巨大需求，让这一行业迅猛发展。在多种茶饮品牌共存的消费市场中，蜜雪冰城靠4元的柠檬水在饮品市场占据了一席之地。

蜜雪冰城采取靠热销单品吸引消费者的营销策略，用具有极高性价比的产品吸引消费者关注和购买，从而赢得了巨大的收益。与其他茶饮品牌均价二三十元的产品定价相比，蜜雪冰城的产品价格更实惠，多数产品的价格在10元以下，更符合学生、工薪阶层的消费水平。

大数据显示，30岁以下的人群是蜜雪冰城的消费主体，四线以下城市的网友对蜜雪冰城的关注度更高，占总关注人群的一半。这类人群对产品价格和优惠活动较为敏感，比较偏爱蜜雪冰城推出的售价为6元、7元的主打产品。

此外，蜜雪冰城采用“直营+加盟”的运营模式，快速扩张并抢占市场，同时坚持低价策略，不断提升品牌传播力。目前，我国超过70%的人口都处在“下沉市场”（三线及以下城市、县镇与农村地区市场），在广阔的“下沉市场”中，蜜雪冰城无疑更具竞争优势。

（资料来源：李雄，《市场营销实务（第2版）》，上海交通大学出版社，2023年）

问题思考：蜜雪冰城是如何定价的？有何独到之处？

任务一 服务定价的影响因素

服务定价是指企业确定服务价格的过程，对拓展市场和赢得客户非常重要。企业对服务进行定价时，需要考虑经营目标、服务成本、市场需求、客户的价格心理、竞争状况、市场政策等因素。

一、经营目标

服务定价的目标必须与企业的经营目标保持一致。根据与利润的相关性，经营目标可以分为利润目标和非利润目标。

（一）利润目标

获取利润是企业经营的目的，也是企业持续经营的前提。根据经营理念和规划的不同，利润目标可以分为最大利润目标和适度利润目标。

1. 最大利润目标

最大利润目标有长期和短期之分，也有单项和综合之分。一般来说，为了实现良性、持续的发展，企业应追求长期和综合利润的最大化；但对于生命周期较短的服务来说，企业应追求短期或单项利润的最大化，如一些突然兴起的潮流服务。

需要注意的是，利润最大不等于价格最高。在实际经营中，高价销售可能会降低销量，减少利润；低价销售反而能提高销量，从而实现利润最大化。

2. 适度利润目标

适度利润是企业在经营活动中追求的一种稳健且可持续的盈利策略。它强调企业在定价时，将利润控制在既不过高也不过低的合理范围内，以实现长期稳定的盈利和可持续发展。适度利润目标有利于企业避开激烈的市场竞争，但实现难度较大。

（二）非利润目标

非利润目标主要包括市场占有率目标、维持生存目标、稳定价格目标等。

1. 市场占有率目标

在某些情况下，企业定价不是为了获取利润，而是为了提高市场占有率，进而提高市场竞争力。此时，企业会在让利的前提下对服务进行定价，甚至在销量和利润两者发生矛盾时压缩利润，优先保证销量。例如，服务新产品上市时，企业会先通过低价销售打开市场，后期再高价销售。

2. 维持生存目标

若遭遇市场动荡和行业竞争，为了避免倒闭，企业会以低价维持自身最基本的资金流通和运转。此时，服务定价可能毫无利润可言。

3. 稳定价格目标

某些服务价格波动较大，长期没有统一的定价标准。因此，一些在行业内具有较大话语权的企业会制订一个标准价格来稳定市场。其他小企业则会主动跟随，选择与大企业持平或保持一定比例关系。这样一来，服务价格在一定时期内会保持稳定，企业也可以减少因价格竞争产生的损失。

二、服务成本

服务成本是服务价格的基础组成部分，包括固定成本和变动成本。固定成本是指在一定时期内不随服务产出发生变化的成本，即不提供服务也必须支付的成本，如租金、管理人员工资、利息、设备折旧等。变动成本是指随着服务产出发生变化的成本，如材料成本、劳动力成本等。

服务成本决定了服务价格的下限，如果服务价格低于服务成本，企业便无利可图。

但是，与有形产品不同，服务的生产过程和消费过程是同时进行的，其成本很难像有形产品一样准确地核算。例如，咨询机构在为客户提供服务时一般不会预先估价，而是在了解客户的全部情况后，甚至等到服务展开或结束后，才根据服务过程中产生的实际服务成本进行收费。

课堂讨论

有人说："服务定价就是成本、利润、税金的总和，所以企业只要处理好这三者的关系就无后顾之忧了。"你认同上述说法吗？为什么？请说说自己的想法，并与同学们讨论。

三、客户的价格心理

客户对不同服务价格的心理反应会直接影响其购买行为。企业要想满足客户需求，就应充分分析客户的心理因素，并迎合客户的价格心理。通常而言，客户的价格心理主要包括以下几种。

（一）习惯性价格心理

客户多次反复购买某一服务时，会对服务价格形成固定的感知。因此，企业对服务进行定价时，需要考虑客户的习惯性价格心理，避免价格过高或过低，从而使客户认为货次价高或质量无法保证。

（二）感受性价格心理

客户的服务感知决定了他们心目中该服务的价格。企业提供的服务若能够给客户带来良好的消费体验，即使价格较高，也会使客户认为物有所值。因此，企业对服务进行定价时，不仅要保证其与自身的定位和服务档次相符合，还要尽量满足客户的服务感知。

感受性价格心理——旌驰自行车行的服务

（三）倾向性价格心理

客户在购买服务时都有不同的倾向性。因此，企业对服务进行定价时，应考虑目标客户的倾向性。例如，社会地位高、经济状况良好的客户倾向于购买品质好、知名度高的服务，并且可以接受一定范围内的溢价，因此企业可以适当抬高服务价格。

四、市场需求

市场需求会影响客户对服务的判断，决定了服务价格的上限。在服务成本不便核算的前提下，大多数企业会按照市场需求对服务进行定价。根据市场需求对服务进行定价时，企业应考虑以下几种情况。

（1）当市场需求旺盛时，由于供不应求，企业可以适当抬高服务价格；当市场需求萎靡时，由于供过于求，企业可以适当降低服务价格。

（2）当某项服务属于必需品时，如餐饮、教育、交通等，由于其具有较高的需求刚性和消费惯性，企业可以适当抬高服务价格；当某项服务属于非必需品时，如美容美发、健身、旅游等，由于客户可以选择消费或不消费，企业可以适当降低服务价格。

五、竞争状况

竞争状况调节着服务价格在其上限和下限之间不断波动，并最终确定服务的市场价格。竞争者越多，竞争状况越激烈，服务价格的波动范围就越小。企业要想在激烈的竞争中生存，在对服务进行定价时，必须考虑竞争者的服务价格。

一般来说，企业的服务价格会与竞争者持平。当企业为了取得竞争优势时，服务价格会低于竞争者，如沃尔玛的“天天低价”；当企业为了树立高端的形象时，服务价格会高于竞争者，当然，相应的服务品质也必须有所提高。

在垄断或竞争者较少的服务行业，如石油、电力、铁路运输等行业，由于客户可选择的服务较少，服务定价的主动权往往掌握在企业自己手中。

六、市场政策

有些服务定价是受政府管制的，如电信服务、医疗服务等。这些关系到民生的公共服务，如果定价过高，则会影响居民的生活质量。因此，相关企业必须在政府的规定下对服务进行定价，并承担一定的社会责任。

课堂讨论

除了以上影响因素，你认为还有哪些因素会影响服务价格？请说说自己的想法，并与同学们讨论。

任务二 服务的定价方法

由于影响服务定价的因素比较复杂，加上人们对服务的需求可能不是基本的、必需的。例如，如果公共交通的票价上涨幅度过大，乘客会减少乘坐次数，并以骑行或其他方式来解决出行问题。因此，企业应结合实际情况并采用科学的方法对服务进行定价。

根据影响服务定价因素的不同，服务的定价方法可以分为成本导向定价法、需求导向定价法和竞争导向定价法。

一、成本导向定价法

成本导向定价法是指企业在服务成本的基础上，通过利润加成对服务进行定价的方法。这种定价方法简单明了，是一种比较传统的定价方法，包括成本加成定价法、目标利润定价法和盈亏平衡定价法。

（一）成本加成定价法

成本加成定价法是指企业在服务单位成本的基础上加上一定比例的利润对服务进行定价的方法。成本加成定价法的基本公式如下。

单位价格=单位成本×（1+成本利润率）

其中，成本利润率是企业在一个特定时间段（通常是 1 年），净利润与成本之间的比例关系。它反映了企业每单位成本所产生的净利润。

成本加成定价法的优点在于简单易行，便于企业根据服务成本和预期利润制订出较为准确的价格。同时，由于价格与成本之间存在着密切的联系，企业可以通过管控服务成本来影响服务价格，从而实现盈利目标。

然而，成本加成定价法也存在一些缺点。首先，它忽略了市场需求和竞争状况的影响。其次，当服务成本发生变化时，企业需要频繁调整服务价格，破坏了市场的稳定性。最后，它会导致企业过于注重短期利益而忽略长期发展，从而影响企业的竞争力和市场份额。

（二）目标利润定价法

目标利润定价法是指企业以自身的期望利润为目标对服务进行定价的方法。采用这种定价方法时，企业首先要确定一个目标利润，然后加上总成本，最后除以预期销量，就能得出服务价格。目标利润定价法的计算公式如下。

单位价格=（目标利润+总成本）/预期销量

目标利润定价法能保证企业达到目标利润，但企业必须测算好服务价格与预期销量之间的关系，避免出现确定了价格而销量达不到预期目标的被动情况。

（三）盈亏平衡定价法

盈亏平衡定价法，又称“保本定价法”，是指在销量既定的前提下，计算服务达到什么价格时才能使企业处于收支平衡状态的方法。例如，某酒店有 200 间客房，全年平均入住率为 50%，此时年销量为 36 500 间（200×50%×365）。假设该酒店全年开支约为 438 万元，则客房定价 120 元（4 380 000÷36 500）时，该酒店能实现盈亏相抵。此时，120 元即为盈亏平衡点，若定价低于这一价格，酒店就会亏损；若定价高于这一价格，酒店就会盈利。

服务成本的核算较为复杂，且与服务价值的对应关系不明显。例如，咨询师为咨询方案所付出的时间和精力越多，但不能保证其提供的服务价值一定越高。因此，成本导向定价法多用于制造业或实体性较强的传统服务领域，如餐饮、零售等行业。

二、需求导向定价法

需求导向定价法是指企业以市场需求及客户感知为主要依据对服务进行定价的方法。这种定价方法既考虑了客户对服务价值的理解，也考虑了客户对服务价格的敏感性，在实践中得到了广泛运用。一般来说，需求导向定价法包括认知价值定价法、需求差异定价法和反向定价法。

（一）认知价值定价法

认知价值定价法是指企业根据客户对服务价值的认知和理解程度对服务进行定价的方法。它是一种客户导向的、基于市场需求的定价方法，主要适用于文化教育、咨询培训、旅游、美容保健等行业。

企业真的想要收回那些 100 元的鞋子吗

认知价值定价法的关键在于准确把握和估算客户对服务价值的认知。客户对服务价值的理解不同，会形成不同的价格限度。如果服务价格刚好定在客户的认知价格限度内，客户就容易购买该服务。

（二）需求差异定价法

需求差异定价法是指企业根据客户对同一服务的不同需求进行差别定价的方法。采用这种定价方法时，对于同一服务，企业可以制订不同的价格，使价格间相互弥补，进而获得尽可能多的利润。根据需求特性的不同，需求差异定价法主要有以下几种形式。

1．时间差异

同一服务针对不同的时间可以制订不同的价格。例如，旺季与淡季的景区门票价格是不同的；白天和晚上、平时和周末的电影票价是不同的。

2．位置差异

同一服务针对不同的位置可以制订不同的价格。例如，演唱会不同位置的票价是不同的，因为不同座位的观看效果和舒适度有所不同。

3．客户差异

同一服务针对不同的客户可以制订不同的价格。一般来说，企业会根据不同客户的消费水平和消费习惯等为同一服务制订不同的价格。例如，教师、学生、军人与一般客户的价格不同，儿童与成人的价格不同，会员客户与非会员客户的价格不同。

4．交易条件差异

同一服务针对不同的交易条件可以制订不同的价格。交易条件包括交易量大小、交易方式、购买频率、支付手段等。例如，对于预付订金、连续购买某一服务的客户，企业会降低服务价格；对于使用信用卡购买服务的客户，企业可能会提高服务价格。

（三）反向定价法

反向定价法是指企业根据客户能够接受的最终销售价格，逆向推算出服务的成本和利润后，进而对服务进行定价的方法。

反向定价法可以更好地满足市场需求，提高服务的竞争力。同时，由于价格是根据客户的接受程度来制订的，这种定价方法可以出现价格过高或过低的情况。

但是，反向定价法也有其挑战和风险。首先，企业需要具备较强的市场调研能力和客户研究能力，以准确判断客户的需求和接受程度。其次，企业需要在激烈的市场竞争中保持灵活性和创新性，以应对市场变化和竞争对手的策略调整。最后，企业需要具备有效的成本控制能力和质量管理能力，以确保在满足市场需求的同时实现盈利。

三、竞争导向定价法

竞争导向定价法是指企业通过研究竞争者的生产条件、服务状况、价格水平等因素，依据自身的竞争实力，参考服务成本和市场需求对服务进行定价的方法，主要包括随行就市定价法和服务差别定价法。

（一）随行就市定价法

随行就市定价法是指企业根据主要竞争者同类服务的价格或行业平均价格对服务进行定价的方法，主要适用于需求弹性较小或供求基本平衡的服务。这种“随大流”的价格在人们观念中常被认为是合理价格，易为客户所接受。

但是，这种定价方法不太考虑服务成本和市场需求，主要是为了与竞争者和平相处，保持市场平衡。因此，这种定价方法避免了因恶性竞争导致的价格战，减少了市场风险，同时还补偿了服务的平均成本，使企业获得一定的利润。

（二）服务差别定价法

服务差别定价法是指企业根据自身服务和同类服务的差别对服务进行定价的方法，主要适用于市场竞争激烈、同质化程度较高的服务。在这种定价方法下，服务质量是影响定价的重要因素，不同的服务质量对应不同的价格。

服务差别定价法可以满足不同客户的需求，提高企业的市场占有率和利润。但是，这种定价方法可能会导致服务价格的差异过大或过小，从而引起客户的不满或反感，进而影响企业的形象和声誉。

知识视窗

3 种定价方法的区别

成本导向定价法、需求导向定价法和竞争导向定价法的决定因素和优缺点各不相同，具体如表 4-1 所示。在实际经营中，企业不能拘泥于一种定价方法，而要结合实际情况，采用多种方法互补的方式，对服务进行合理定价，以便更好地适应市场。

表 4-1　3 种定价方法的区别

项目	成本导向定价法	需求导向定价法	竞争导向定价法
决定因素	卖方决定	买方决定	竞争者决定
优点	计算简单，对买卖双方相对公平	满足客户需求，价格灵活	有利于市场竞争，创新、优化服务
缺点	忽视了市场变化和需求弹性，科学性不足	调研成本高，费时费力	缺乏主动性，易引起市场相互模仿或恶意竞争

任务三 服务的定价策略

定价策略是企业在考虑服务成本和市场需求的基础上采取的一系列灵活决策。与定价方法相比，定价策略考虑的因素更多，但其重点不是数值测算，而是如何更好地帮助企业达到经营目标。常见的定价策略有服务新产品定价策略、折扣定价策略、差别定价策略、组合定价策略和心理定价策略。

一、服务新产品定价策略

服务新产品的定价合理与否，关系到企业能否及时打开销路、占领市场及获得预期利润，对企业的发展具有十分重要的意义。常见的服务新产品定价策略有以下几种。

（一）撇脂定价策略

撇脂定价策略是指在服务新产品刚进入市场时，企业制订一个较高的价格，以便在短期内获得尽可能多的利润，尽快收回成本的行为。这种定价策略要求企业利用客户的求新、求奇心理，抓住竞争尚未显现的有利时机，主要适用于竞争不强、需求弹性小的服务。

撇脂定价策略可以让企业创造高价、优质的品牌形象，同时掌握降低价格的主动权。但是，撇脂定价策略会使企业面临较大的市场风险，且容易吸引竞争者大量涌入。此外，若服务新产品不为客户所接受，则会造成企业亏损，因此该策略要求企业对市场需求有较为准确的预测。

服务贴士

采用撇脂定价策略时，企业必须具备以下条件：一是服务必须具有明显的优势，并且有较大的市场需求量；二是服务必须具有特色，且无法在短期内被竞争者仿制。

（二）渗透定价策略

渗透定价策略是指在服务新产品刚进入市场时，企业制订一个较低的价格，以吸引客户、打开销路、占领市场的行为。这种定价策略主要适用于市场需求潜力大、成本低、需求弹性大的服务。

如何运用渗透定价策略

渗透定价策略采用的是薄利多销的思路，可以让企业迅速占领市场，有效阻止竞争者进入同一市场，从而获得长期稳定的市场地位。但是，渗透定价策略会使企业花费较长的时间来收回成本，具有一定的风险。

（三）温和定价策略

温和定价策略是一种介于撇脂定价和渗透定价之间的策略，是指在服务新产品刚进入市场时，企业制订一个适中的价格，以获取合理利润的行为。这种定价策略主要适用于市场稳定、需求弹性较小的服务。

温和定价策略既可以避免因价格过高而带来的市场风险，又可以避免因价格过低引起的经营困难，使企业获取平均利润的同时，兼顾客户的利益。

二、折扣定价策略

折扣定价策略是指企业通过有导向性的折扣促销，直接或间接地降低服务价格，以争取更多客户的策略。常见的折扣定价策略有以下几种。

（一）现金折扣策略

现金折扣策略是指企业对现金交易或按约定日期提前付款的客户给予价格折扣的行为。现金折扣策略可以鼓励客户提前付款，加速资金回笼。例如，在美容美发机构、健身会所办理会员卡并充值，或在加油站、汽车维修机构预存费用，客户可享受一定折扣。

（二）数量折扣策略

数量折扣策略是指企业对大量购买服务的客户给予价格折扣的行为。一般来说，客户消费金额越大，折扣就越大。数量折扣策略可以鼓励客户大量购买服务，使企业与客户建立长期的合作关系。数量折扣策略包括累计数量折扣策略和一次性数量折扣策略。

（1）累计数量折扣策略是指在一定时间内，客户累计达到一定的购买量或消费额时，企业按其总量给予一定折扣的行为。其目的是鼓励客户经常购买企业的服务，从而慢慢成为企业的忠诚客户。例如，某超市实行会员积分，一定时期累计 500 积分可兑换一包抽纸。

（2）一次性数量折扣策略是指客户一次达到一定的购买量或消费额时，企业按其总量给予一定折扣的行为。其目的是鼓励客户大批量购买企业的服务，促进服务多销、快销。例如，某品牌服装店实行单次买 2 件 8 折、单次买 3 件 7 折的促销活动。

（三）功能折扣策略

功能折扣策略是指企业根据各类中间商在市场中承担的工作任务（如物流配送、信

息收集、市场推广、维护等），给予中间商不同折扣的行为。功能折扣策略可以鼓励中间商扩大销售，争取更多的客户，从而建立双方长期的良好合作关系。

（四）季节折扣策略

季节折扣策略是指企业为鼓励客户在淡季购买而给予价格折扣的行为。季节折扣策略有利于减轻企业的仓储压力，促进企业的均衡发展。例如，饮料企业在冬季进行减价促销，旅行社在淡季进行大力度让价，航空公司在淡季提供大幅折扣，等等。

三、差别定价策略

差别定价策略是指企业对同一服务制订不同的价格，以获得最大利润的策略。常见的差别定价策略有以下几种。

（一）客户差别定价策略

对于同一种服务，企业可以根据客户的不同情况对其进行差别定价。例如，银行会根据客户的财务状况和信用评级来确定其贷款额度和利率，信用评级较高的客户可能会获得较高的贷款额度和较低的利率，而信用评级较低的客户可能会获得较低的贷款额度和较高的利率。

此外，企业为了承担社会责任或树立公益形象，会向某些特殊客户提供优惠价格，如教师可以凭教师资格证免游乐园门票。

（二）形式差别定价策略

对于同一种服务，企业可以设置不同的形式或等级，并对其进行差别定价，便于客户根据实际需求选择购买。例如，医院的专家门诊比普通门诊收费高，律师事务所的知名律师比普通律师收费高，飞机的头等舱比经济舱收费高，等等。

（三）时间差别定价策略

对于同一种服务，企业可以根据不同时间对其进行差别定价。例如，电商平台在“618”等大型促销活动期间会提供较大的优惠力度，同时延长服务时间，以吸引更多的客户。又如，某餐厅在晚餐高峰期推出高价位的菜单，而在非高峰期推出低价位的菜单，以吸引客户错峰用餐，同时满足不同客户的需求。

同步案例

共享单车的骑行卡

共享单车的骑行卡多种多样，整体上可分为不限次骑行卡和限次骑行卡。

一、不限次骑行卡

不限次骑行卡，即在有效期内不限骑行次数，超出有效期视为失效。其计价规则是单次骑行前2小时免费，超出时间按正常计费规则收费。不限次骑行卡有“7天畅骑卡”“30天畅骑卡”“90天畅骑卡”等，分别享受不同力度的折扣优惠。不限次骑行卡适用于频繁使用共享单车的用户。

二、限次骑行卡

限次骑行卡，即在有效期内限制骑行次数，次数使用完或超出有效期视为失效。其计价规则是单次骑行前1小时免费，超出时间按正常计费规则收费。限次骑行卡有“7天5次卡”“15天10次卡”“30天15次卡”等。限次骑行卡适用于有使用单车习惯但使用没那么频繁的用户。

（四）位置差别定价策略

对于同一种服务，企业可以根据不同地区或同一场所里不同位置对其进行差别定价。例如，快递服务会按照收件人地址的远近确定收费标准；在演唱会场馆、体育赛场内，观看效果好的位置，票价也会更高。

知识视窗

采取差别定价策略的注意事项

企业采取差别定价策略时，应注意以下几个问题。

（1）市场细分。差别定价策略要求企业必须对市场进行细分，且保证每个细分市场的需求和偏好存在差异。只有准确地划分市场，企业才能为每个细分市场的服务制订合适的价格。

（2）防止套利。差别定价策略要求企业必须采取一定的措施防止套利行为的发生，避免因价格差异过大导致客户在低价市场购买服务然后在高价市场出售，从而损害企业的利益。

（3）保持稳定。差别定价策略要求服务价格保持稳定，避免因价格波动过大引起客户的不信任，进而影响企业的品牌形象和长期发展。

（4）避免违法。差别定价策略要求企业了解并遵守相关法律法规，避免发生定价歧视、价格欺诈等违法行为。

（5）持续改进。差别定价策略要求企业根据市场环境和客户需求的不断变化，持续改进服务质量和调整服务价格，以确保其持续有效。

课堂讨论

某饭店的经营状况一般。有一天，老板突发奇想，在饭店门口竖立了一块牌子，并写上：“本店实行自主定价，您愿给多少给多少。”

你认为采用自主定价后食客给的会更多还是更少？为什么？

四、组合定价策略

当企业同时经营多种服务时，服务定价需要着眼于整个服务组合的利润最大化。组合定价策略是企业把不同的服务（互补、关联等）组合在一起，对其进行集合定价的一种策略。常见的组合定价策略有以下几种。

（一）选择品定价策略

选择品定价策略是指企业根据服务的不同属性，制订不同的价格，以满足不同客户需求的行为。例如，一些健身房或瑜伽馆会根据课程内容、教练资质和设施档次，制订不同的服务价格，为客户提供更多的选择。

（二）捆绑定价策略

捆绑定价策略是指企业将具有互补性或关联性的服务进行捆绑销售和定价的行为。一般来说，捆绑服务组合的定价，即打包价格，应低于分别购买每种服务的价格总和。例如，培训机构规定只报书法班收费 400 元，只报美术班收费 500 元，只报舞蹈班收费 600 元，但一次性支付 1 200 元可以同时获得 3 项培训。虽然这种定价需要企业适度让利，但企业的总利润会随销量的增加而提升。

（三）分部定价策略

分部定价策略与捆绑定价策略相反，是指企业将服务的整体定价拆分为一个基础性定价和其余强制性定价的行为。例如，游乐园虽然只收取较低的门票费，但对园中的特殊游玩项目会再收费。

（四）必需附带品定价策略

必需附带品定价策略是指企业将一种或多种服务作为必需附带品，与另一种服务一起销售，并制订一个相对较低价格的行为。这种定价策略通常用于市场渗透、市场扩张或保持市场份额的情况。例如，软件公司会将新开发的软件低价卖出甚至免费赠送，然后从软件的不断升级中获得高额利润。

同步案例

博物馆通票

北京市文物局与北京博物馆学会推出北京地区博物馆通票，同时在每月的第一个星期日开放30个博物馆供大家免费参观。

博物馆通票采用口袋书形式，不需要粘贴购买者照片，适合全家通用。票面内容包括各博物馆的地址、电话、开放时间、门票价格、馆点介绍等信息。全年零售价120元，其中仅收费馆点提供的门票减免总价值超过3 600元。

从文化的角度看，博物馆通票可以形成以大馆带小馆的集约效应，吸引更多的人到更多的博物馆游览，让大家领略博大精深的历史文化、雄浑壮美的军事文化、巧夺天工的科技文化、旖旎多姿的自然文化等，从而宣传、发扬北京积淀的丰厚文化。

（资料来源：秦金月，《〈2024年北京博物馆通票〉首发 收费馆点门票减免超3 600元》，中国新闻网，2023年11月8日）

五、心理定价策略

心理定价策略是指企业根据客户的心理特点对服务进行定价的策略。常见的心理定价策略有以下几种。

（一）尾数定价策略

尾数定价策略是指企业利用客户对数字的特殊心理，制订一个以零头数结尾的非整数价格的行为。例如，杯子的价格是29.9元。尾数定价策略可以让客户产生价格便宜且服务很值的感觉。

（二）整数定价策略

整数定价策略是指企业利用客户“一分价钱一分货”的心理，对那些无法明确看出其内在品质的服务，制订一个以“0”结尾的整数价格的行为。例如，高档酒店的宴席价格为2 000元或3 000元。整数定价策略适用于高档服务、客户不太了解的服务等，使客户能够通过价格的高低来判断服务的档次。

（三）声望定价策略

声望定价策略是指企业利用客户的仰慕心理，对具有较高声誉的服务制订一个较高价格的行为。声望定价策略能在某种程度上凸显服务的高档次和高附加值，从而在客户心目中创造优质的形象。当然，服务质量必须能够支撑较高的价格，避免货次价高。

（四）招徕定价策略

招徕定价策略是指企业利用客户好奇或追求廉价的心理，对某项服务制订一个较低价格的行为。通过招徕定价策略，企业可以先吸引客户前来消费，再借机使客户购买其他服务，实现业绩增长。例如，汽车 4S 店对一般性修理服务的收费较低，吸引客户进店后，再招徕高价的特殊性保养服务。

需要注意的是，采用招徕定价策略的服务必须是品种新、质量优的适销服务，而不能是低劣、过时的服务，否则不仅达不到招徕客户的目的，反而可能使企业的声誉受损。

课堂讨论

有人说："理性的价格竞争应建立在降低企业经营和服务成本的基础上。"你如何理解这句话？请说说自己的想法，并与同学们讨论。

强化训练

知识检测

一、不定项选择题

1．（　　）分别决定着服务价格的下限和上限。

A．市场需求和竞争状况

B．竞争状况和服务成本

C．经营目标和市场需求

D．服务成本和市场需求

2．折扣定价策略不包括（　　）。

A．现金折扣策略

B．数量折扣策略

C．虚假折扣策略

D．功能折扣策略

3．企业对服务进行定价时，需要考虑的因素有（　　）。

A．经营目标　　B．服务成本

C．竞争状况　　D．市场需求

4．企业采取差别定价策略时，应注意（　　）。

A．对市场进行细分，且保证每个细分市场的需求和偏好存在差异

B．采取一定的措施防止套利行为的发生

C．了解并遵守相关法律法规，避免发生定价歧视、价格欺诈等违法行为

D．根据市场环境和客户需求的不断变化，持续改进服务质量和调整服务价格

5．需求导向定价法包括（　　）。

A．认知价值定价法　　B．反向定价法

C．需求差异定价法　　D．边际成本定价法

6．随行就市定价法是指企业根据主要竞争者的同类服务价格或行业平均价格对服务进行定价的方法，属于（　　）导向定价法。

A．需求　　B．客户

C．企业　　D．竞争

二、判断题

1．成本导向定价法简单明了，是一种比较传统的定价方法。（　　）

2．服务定价与有形产品的定价类似，可以较为精准地考虑成本。（　　）

3．低价可以吸引客户，因此，服务价格越低越好。（　　）

4．招徕定价策略是指企业利用客户好奇或追求廉价的心理，对某项服务制订一个较低价格的行为。（　　）

5．当企业同时经营多种服务时，服务定价需要着眼于整个服务组合的利润最大化。（　　）

三、简答题

1．简述服务定价的方法。

2．简述差别定价策略和心理定价策略的主要类型。

案例分析

春秋航空的低价策略

春秋航空股份有限公司（以下简称“春秋航空”）是中国首批飞上天空的民营资本独资经营的航空公司之一，也是我国首家真正意义上的低成本航空公司。为了既让票价便

宜，又能获得可观的收入，春秋航空主要采取了以下几项措施。

（1）控制成本。春秋航空通过精细化的成本管理，实现了低成本的运营模式。其中最为典型的就是采用单一机型（A320 系列），简化了维护、培训和飞行操作等环节，进而降低了运营成本。此外，春秋航空还通过优化航班安排、提高飞机利用率、降低油耗等方式进一步控制运营成本。

（2）高密度座位布局。春秋航空在 A320 飞机上实现了高密度座位布局，通过单舱布局和缩短座椅间距的方式，增加了座位数，从而提高了每架飞机的运载能力。这种布局虽然在一定程度上牺牲了座位的舒适度，但有效降低了单个座位的成本，使得春秋航空能够提供更具竞争力的票价。

（3）直接销售与电子渠道。春秋航空会在官方网站、手机应用等电子渠道直接展示和销售机票，降低了销售成本，实现了机票价格的透明化和实惠化。

（4）市场定位与营销策略。春秋航空将市场定位在对价格较为敏感的消费群体，以经济实惠的机票吸引这部分消费者。同时，春秋航空还通过举办促销活动、推出特价机票等方式，吸引更多的消费者关注并购买。

结合所学知识回答以下问题：

春秋航空的低价策略带来了哪些好处？这种策略有什么弊端？

拓展实训

任务描述

以小组为单位，选择两项及以上服务，如按摩、讲故事或笑话、舞蹈表演等，然后结合所学知识完成以下任务。

（1）考虑各方面的因素，确定所选服务的定价因素。

（2）设置不同类型的客户，并参考定价因素制订不同的服务定价方案。

（3）组织内容研讨会，确定最终的服务定价方案，并形成详细的书面文件，然后根据书面文件创作一份客户消费服务的情景剧本。

（4）按剧本进行排练，确定后在课堂上进行表演。

任务分配

全班学生以 8～10 人为一组进行分组，各组选出组长并进行任务分工，然后将小组成员及分工情况填入表 4-2 中。

表 4-2　小组成员及分工情况

班级		组号		指导教师	
任务内容					
小组成员	姓名	学号	任务分工		
组长					
组员					

任务实施

将实训任务的具体完成情况记录在表 4-3 中。

表 4-3　实训任务完成情况记录表

时间和任务安排	实施步骤
	1．拆解任务，认识任务中的重点和难点，包括：
	2．考虑服务的可行性，确定提供的服务，包括：
	3．针对所选服务，确定定价因素，包括：
	4．根据确定的定价因素，制订详细的服务定价方案（既能满足成本和盈利要求，又具有市场竞争力），确定不同服务的价格，并制订不同的收费标准或套餐方案，包括：

续表

时间和任务安排	实施步骤
	5．根据实际情况，设定不同类型的客户，如普通客户、会员客户、团体客户等，并针对不同类型的客户提供不同的定价方案或优惠政策，包括：
	6．根据所选的服务和定价方案，创作客户消费服务的情景剧本，包括客户询问价格的过程、客户购买服务的过程等，确保剧本能够生动展现客户与服务人员之间关于服务价格的互动和消费场景，包括：
	7．集中讨论剧本内容，提出修改意见，并定下最终剧本。修改的主要内容包括：
	8．按剧本进行排练，进一步讨论并改进，包括：
	9．各小组在全班同学面前进行表演，结束后，教师和其他小组成员可以提问或发表意见，包括：

学习成果评价

指导教师可以根据学生的课堂表现、实际学习成果和任务完成情况对其进行评价。学生配合指导教师共同完成学习成果评价表（见表 4-4）。

表 4-4 学习成果评价表

<table>
<tr><td>班级</td><td></td><td>组号</td><td colspan="2"></td><td>日期</td><td></td></tr>
<tr><td>姓名</td><td></td><td>学号</td><td colspan="2"></td><td>指导教师</td><td></td></tr>
<tr><td>学习成果</td><td colspan="6"></td></tr>
<tr><td rowspan="2">评价维度</td><td rowspan="2">评价指标</td><td rowspan="2">评价标准</td><td rowspan="2">分值</td><td colspan="2">评价分数</td></tr>
<tr><td>自评</td><td>师评</td></tr>
<tr><td rowspan="4">素养评价
20%</td><td>学习态度</td><td>刻苦认真，勇于钻研</td><td>5</td><td></td><td></td></tr>
<tr><td>纪律意识</td><td>遵守课堂纪律，认真完成课堂作业与课后作业</td><td>5</td><td></td><td></td></tr>
<tr><td>互动意识</td><td>积极发言，完成课堂互动</td><td>5</td><td></td><td></td></tr>
<tr><td>团队精神</td><td>尊师爱友，积极合作，团结奋进</td><td>5</td><td></td><td></td></tr>
<tr><td rowspan="5">知识评价
20%</td><td rowspan="3">基础知识</td><td>了解服务定价的影响因素</td><td>3</td><td></td><td></td></tr>
<tr><td>熟悉服务的定价方法</td><td>3</td><td></td><td></td></tr>
<tr><td>掌握服务的定价策略</td><td>4</td><td></td><td></td></tr>
<tr><td rowspan="2">应用知识</td><td>能够根据企业的实际情况选择合适的定价方法</td><td>5</td><td></td><td></td></tr>
<tr><td>能够根据服务的定价策略，为不同服务制订合适的价格</td><td>5</td><td></td><td></td></tr>
<tr><td rowspan="3">能力评价
30%</td><td>检索能力</td><td>熟练应用多种信息检索方法</td><td>5</td><td></td><td></td></tr>
<tr><td>实践能力</td><td>确保服务的可行性</td><td>10</td><td></td><td></td></tr>
<tr><td>探索创新能力</td><td>在实践过程中有新的想法或思路，有自主探究学习的意识</td><td>15</td><td></td><td></td></tr>
<tr><td rowspan="4">成果评价
30%</td><td>时间观念</td><td>按时完成实训任务</td><td>5</td><td></td><td></td></tr>
<tr><td>服务定价方案</td><td>合理全面、有针对性</td><td>5</td><td></td><td></td></tr>
<tr><td>情景剧本</td><td>剧情合理，符合客户消费服务的习惯</td><td>10</td><td></td><td></td></tr>
<tr><td>表演过程</td><td>表演生动，无忘词等现象</td><td>10</td><td></td><td></td></tr>
<tr><td colspan="3">合计</td><td>100</td><td></td><td></td></tr>
<tr><td>总评</td><td colspan="2">自评（30%）+师评（70%）=</td><td colspan="3">教师（签名）：</td></tr>
</table>

项目五

实施服务分销，进行服务促销

项目导读

服务分销和服务促销是企业连接客户的桥梁，是强化企业品牌形象、提升客户满意度的重要手段。通过服务分销和服务促销，企业不仅可以快速、有效地向客户传递服务的特色和优势，使客户更方便地选择服务，还可以了解市场需求和客户行为，为未来开发服务新产品和制订营销策略提供参考。

素养目标

（1）培养信息筛选和鉴别的能力。

（2）具备良好的表达能力和沟通能力。

（3）具备创新和适应变化的能力。

知识目标

（1）了解服务分销渠道的含义、特征和功能，熟悉服务分销模式。

（2）了解服务促销的意义，掌握服务促销方式。

技能目标

（1）能够根据企业的实际情况，选择合适的服务分销模式。

（2）能够根据企业的实际情况，选择合适的服务促销方式。

开篇案例

瑞蚨祥的促销

时光荏苒，世事变迁，曾经风光无限的中华老字号瑞蚨（fú）祥处于比较尴尬的境地——高认知度、低认可度。也就是说，知道这个品牌的人很多，但真正对其有购买欲望的人不多。面对这种情况，北京瑞蚨祥绸布店有限责任公司（以下简称“瑞蚨祥”）通过品牌宣传、调整运营模式等来顺应新消费时代。

首先，瑞蚨祥开通了官方微信公众号、官方微博等，利用它们讲述品牌故事，推送最新的活动信息，并提示粉丝到线上、线下门店关注相关产品，有效提升了流量转化率。

其次，瑞蚨祥在线下门店开辟了一个国风文创区，专设柜台售卖体现品牌特色的文创产品，如采用盘扣技艺制成的胸针、发饰等。顾客如果对盘扣、刺绣等传统制作工艺感兴趣，可以随时参加非遗体验活动，亲手制作手工艺品。

最后，瑞蚨祥积极探索“直播+生活+场景”新模式。例如，瑞蚨祥以“云上非遗，丝享生活”为主题，参与“国货发光”直播活动，重点介绍了中国丝绸的文化内涵及旗袍等中式服装的搭配技巧，将老字号的匠心产品与非遗文化传承融为一体，获得了众多媒体的关注和好评。

（资料来源：阎密，《瑞蚨祥：瑞意创新 丝续百年之美》，《国际商报》2023 年 5 月 10 日）

问题思考： 瑞蚨祥是如何进行促销的？

任务一 服务分销

一、服务分销渠道的含义和特征

（一）服务分销渠道的含义

服务分销渠道是指服务从企业向客户转移的过程中所经过的途径。通过服务分销渠道，企业可以将服务推广到更广泛的市场，从而解决客户购买便利性的问题。服务分销渠道通常涉及多个参与者，包括企业、中间商和客户等。其中，中间商可以是经销商、代理商、批发商、零售商等，也可以是各种在线平台和社交媒体。

在服务分销的过程中，涉及的中间商越多，服务分销渠道越长，服务的传递环节越多。因此，为了取得竞争优势，企业应选择合理的服务分销渠道，方便客户购买、享用服务。

（二）服务分销渠道的特征

（1）由于服务的无形性，服务分销渠道需要更加注重通过口碑、品牌形象、营销活动等手段来传递服务的特色和优势。

（2）服务的生产过程和消费过程通常是同时进行的，即服务人员需要客户在场的情况下为其提供服务。因此，服务分销渠道需要更加注重与客户的沟通和互动，以满足客户的需求和期望。

（3）由于服务往往具有较大的差异性，即使是同一服务人员提供的同一种服务，也可能因为不同的客户需求、环境、时间等因素产生不同的结果。因此，服务分销渠道需要更加注重个性化和定制化，以满足多样化的客户需求。

（4）由于服务不能像有形产品一样进行储存和运输，因此服务分销渠道需要更加注重即时性和灵活性，以便在客户需要时及时为其提供服务。

服务贴士

随着全球化的不断发展，服务分销渠道越来越具有全球性特征。这一特征要求企业关注国际市场的发展动态和客户需求，积极开拓海外市场，提高服务的国际竞争力。

二、服务分销渠道的功能

随着客户需求的不断变化和服务业发展要求的不断升级，服务分销渠道的功能越来越多。一般来说，服务分销渠道的功能如表 5-1 所示。

表 5-1　服务分销渠道的功能

功能	具体内容
引入功能	服务分销渠道可以使服务出现在便于客户购买的时间和地点，帮助企业将更多的客户引入其服务销售系统中
信息功能	服务分销渠道可以收集包括市场需求、竞争情况、客户需求等在内的不同信息，方便企业全面了解市场情况，从而为客户提供更好的服务
陈列功能	服务分销渠道可以帮助企业更好地呈现服务的内容和形式，增强客户的直观感受，从而激发客户的购买欲望，促进服务销售
承诺功能	服务分销渠道可以将关于服务质量保证的承诺传递给客户，同时增加这些承诺的可信度
支持功能	服务分销渠道可以负责服务的流通，有助于节约企业的成本，分担企业的市场风险

三、服务分销模式

（一）直接分销

直接分销是指服务不经过中间商，直接流向客户的过程。例如，理发店、洗衣店、美容机构、医疗机构、培训机构等采取的都是直接分销的模式。

直接分销的形式多样，但总体可分为有店铺的直接分销与无店铺的直接分销。有店铺的直接分销包括专卖店、销售门市部、销售服务部、合资分销店、租赁卖场等，无店铺的直接分销包括人员直销、网络直销、电视直销、电话直销、直接邮购等。

直接分销能够减少服务流通的中间环节，有助于企业及时了解客户的需求变化和意见，并与客户建立更为密切的关系，从而更好地为客户提供个性化的服务。但是，直接分销需要企业投入大量的人力、物力、财力来维持服务区域、服务数量、服务规模的发展。

（二）间接分销

间接分销是指服务先经过中间商，再流向客户的过程。例如，旅行社、观光旅游中心、团购网等都是酒店的中间商，可以为游客提供住宿预订服务、接待服务等。

间接分销可以帮助企业利用中间商的资源和能力扩大服务的覆盖面，降低分销成本，提高分销效率。但是，间接分销也存在一些局限性：一是企业难以控制中间商的表现和服务水平，不便于及时了解市场动态；二是企业难以直接与客户沟通和互动，不便于及时了解客户需求，从而影响客户关系的建立与维护。

间接分销的形式主要有以下几种。

1. 服务代理

服务代理是企业通过代理商来销售、推广和传递服务，如机票代理、招生代理、股票代理、广告代理等。通过服务代理，企业不仅可以更好地适应某地区或某服务细分市场的特殊要求，而且更容易打开一个新市场。

一位优秀中间商的故事

2. 服务经销

服务经销是企业将其服务授权给经销商，由经销商负责在特定区域内进行销售和推广。服务市场的经销商主要有批发商和零售商。批发商是指从事服务批发业务的中间商，如旅游公司、投资银行等。零售商是指从事服务零售业务的中间商，如照相馆、干洗店等。

总的来说，代理商与经销商都是帮助企业销售和推广服务，进而获利的中间商，但是它们存在多个层面上的差异，具体如表 5-2 所示。

表 5-2　代理商与经销商的区别

项目	代理商	经销商
与企业的关系	委托代理关系	买卖关系
利润来源	赚取佣金（提成）	获得经营利润（差价）
经营自主性	完全受企业的指导和限制	不受或很少受企业的限制
所有权	不拥有服务的所有权	拥有服务的所有权
独立性	不一定是独立机构	独立的经营机构
角色	以企业的名义从事销售	以自己的名义从事销售
售后服务与责任	企业承担	自己承担

（三）连锁经营

连锁经营是指经营同类服务的若干企业以一定的形式组成一个联合体，在统一的规划和指导下，实现规模效益的经营形式。它是服务分销的主流模式，主要适用于餐厅、酒店、教育、医疗等行业。

1．连锁经营的特征

在连锁经营下，企业通过一系列的策略和机制，不仅能实现规模效益，还能提升品牌效应和经营效率。一般来说，连锁经营具有以下几个特征。

（1）经营理念的统一。经营理念是企业的灵魂，是企业经营活动的依据，体现在与企业经营有关的一切物质和精神层面上。企业要想获得长久的发展，就必须将统一的经营理念作为指引目标，不断为客户提供高质量的服务、衷心的关怀等。

（2）品牌形象的统一。统一的品牌形象，如企业的外部视觉形象、内部装修、服务流程等，有利于客户快速识别企业，加深对企业的认识。

（3）服务的统一。在连锁经营下，企业会统一规划和管理服务。这可以使客户对企业形成稳定的预期，即客户无论到哪家门店，都可以购买相同的服务。

（4）经营管理的统一。在连锁经营下，企业会实施统一的经营战略和营销策略，包括统一流程、统一定价等，以提高管理效率。

2．连锁经营的类型

（1）直营连锁。

直营连锁是指企业通过独资、控股或吞并等途径开设门店，发展壮大自身实力的一种连锁经营形式。直营连锁适用于需要高度标准化和统一管理的服务，如奢侈品店、高端酒店等。直营连锁由企业总部统一管理，规模效益更明显，且各项决策属于企业的内部事务，能够免受外部干扰。但是，直营连锁要求企业自行开发连锁门店并进行扩张，对企业的实力要求较高。

（2）特许连锁。

特许连锁是指企业（即特许人）将自己拥有的注册商标、标志、专利、专有技术等，以合同的形式授予他人（即受许人）使用，受许人按照合同约定在统一的经营模式下开展经营，并向特许人支付特许经营费用的一种连锁经营形式。特许连锁适用于需要快速扩张、简单化且容易被复制的服务，如便利店、冷饮店、培训机构等。

生活中常见的加盟就是特许连锁。对加盟者而言，特许连锁可以使其用较少的资金完成创业，并借助企业总部的技术支持、品牌知名度吸引客户，打开市场，稳定销售，减少经营风险。对企业而言，特许连锁可以为其创造加盟收益，在付出较少资本的前提下提高市场占有率，扩大品牌知名度。

但是，特许连锁要求加盟者服从企业总部的管理，经营自主性比较低，无法根据实际经营情况及时调整经营策略，缺乏灵活性。同时，企业总部需要承担各加盟者因经营不善造成的声誉损失及合同终止后加盟者退出引起的风险。

同步案例

星巴克的连锁经营

星巴克咖啡有限公司（以下简称“星巴克”）是一家以咖啡烘焙和零售为主要业务的连锁企业，其独特的经营模式和理念使得品牌在全球范围内受到了广泛的欢迎。

（1）品牌形象与文化的统一。星巴克非常注重品牌形象与文化的统一。无论是位于繁华都市的中心地段，还是宁静的小镇，星巴克的店面设计、装修风格、员工制服及服务流程都保持高度统一。这种统一树立了品牌形象，提高了消费者对品牌的认知度。

（2）产品与服务的质量控制。在产品方面，星巴克不仅对咖啡豆的选择、烘焙工艺及咖啡制作流程有严格的标准，还提供了一系列与咖啡相关的产品，如咖啡壶、咖啡杯等，以满足消费者的多样化需求。在服务方面，星巴克注重培养友好和热情的服务文化，使消费者感受到亲切和温暖。

（3）连锁扩张与门店管理。在连锁扩张方面，星巴克通过直营连锁和特许连锁，不断扩大其连锁网络。在门店管理方面，星巴克不仅对员工培训、服务流程、产品制作等实行严格的标准化管理，还注重门店的选址和布局，力求为消费者提供最佳的消费体验。

（4）数字化与线上渠道。在数字化时代，星巴克积极拥抱新技术，发展线上渠道，开发了自己的电商平台和移动应用程序，提供移动支付、预订、外卖、礼卡等多种服务。这不仅提高了星巴克的运营效率，也提升了消费者的消费体验。

（四）网络分销

网络分销是指企业利用互联网和电子商务技术，将服务传递到客户手中的过程。它打破了时间和空间的束缚，允许客户在任何时间、任何地点购买服务，为企业提供了更广阔的销售渠道和更高效的销售方式。

例如，南航 e 行是中国南方航空股份有限公司（以下简称“南航”）推出的一项创新服务。该服务通过整合航空旅游上下级行业资源，将移动互联网和航空出行的全流程服务结合起来，为旅客及合作伙伴提供了便捷、高效的一站式电子化服务体验。同时，南航 e 行通过南航 App、南航微信公众号、南航 e 行小程序等渠道，帮助旅客及合作伙伴实现“一机在手，全程无忧”的出行目标。

知识视窗

适合通过互联网提供的服务

随着科技的不断发展，很多服务都可以通过互联网提供，常见的有以下几种。

（1）社交服务。通过互联网，社交媒体、即时通信工具等可以帮助人们建立联系、分享信息、互动交流。

（2）娱乐服务。通过互联网，在线游戏、电子图书、网络视频等服务可以为人们提供更为丰富多样的娱乐内容。

（3）购物服务。通过互联网，在线购物方便人们选择各式各样的商品或服务。

（4）金融服务。通过互联网，在线支付、网络借贷等为人们的生活带来了诸多便利，不仅改变了人们的消费和理财习惯，还推动了整个金融行业的创新和发展。

（5）教育服务。通过互联网，在线课程、在线辅导、互动学习等可以突破地域限制，让更多人享受到优质的教育资源。

（6）医疗服务。通过互联网，远程医疗咨询、在线问诊、药品配送等可以方便患者及时就医，减轻医院压力，提高医疗服务效率。

网络分销的优点如下：一是有助于企业扩大服务的覆盖范围，提高市场占有率；二是有助于企业提高服务效率，降低服务成本；三是有助于企业随时与客户沟通，及时解决相关问题，提高客户满意度。但是，网络分销也存在许多安全隐患，如发布虚假信息、窃取口令和隐私信息等。因此，企业在采用网络分销时，应采取一系列的安全措施和技术手段，以确保客户利益，维护网络分销的健康发展。

同步案例

盒马鲜生的分销模式

盒马鲜生采用“线上外卖+线下门店”的分销模式，是结合“生鲜超市+餐饮体验+App 电商+物流”的复合型商业综合体。

盒马鲜生的线上外卖业务端口为盒马 App。顾客通过盒马 App 选购商品并下单后，盒马鲜生会在短时间内完成选货、分拣、流转、包装等一系列流程，然后交由配送员送货。在门店附近 3～5 千米，盒马鲜生承诺在顾客下单后的 1 小时内将商品送货上门。这种高效、快捷的配送服务不仅提高了顾客的购物体验，也使盒马鲜生赢得了顾客的信任。

盒马鲜生的线下门店集“生鲜超市+餐饮体验”为一体，为顾客提供了全新的购物体验。在盒马鲜生的线下门店，顾客可以自由购买各种商品，包括新鲜的蔬菜、水果、肉类、海鲜等。值得一提的是，为了满足顾客对新鲜海鲜的需求，盒马鲜生提供了一站式海鲜购买和加工服务，方便顾客即时享用或打包带走。

此外，盒马鲜生还入驻了天猫，不仅实现了最快可次日达的配送速度，摆脱了距离的限制，还有效降低了开店成本和运营成本，从而能够更加专注于提升商品品质和服务质量。

（资料来源：苏朝晖，《服务营销管理（第 3 版）》，清华大学出版社，2023 年）

任务二 服务促销

一、服务促销的意义

服务促销的实质是企业与目标客户的信息沟通。在沟通过程中，企业要尊重客户的意愿，与客户进行平等的沟通，帮助他们更好地了解企业所提供的服务，并刺激他们的消费需求。与其他促销相比，服务促销更注重与客户建立长期关系。企业可以通过优质的服务促销赢得客户的信任和满意，从而实现长期的营销目标。一般来说，服务促销的意义主要体现在以下几个方面。

（1）宣传服务信息。当面对新的、复杂的或专业性较强的服务时，客户很难对其功能、特色、质量等有清楚的认识。而服务促销可以使那些原本无形的服务获得有形的支持，帮助客户获取服务的地点、时间、价格等信息，消除他们对服务的陌生感。

（2）明确服务定位。通过服务促销，企业可以明确其服务定位，并将这一定位传达给客户，使其在客户心中形成独特的印象。

（3）展示服务特色。客户在选择服务时，首先需要了解不同企业提供的同一服务或同一企业提供的不同服务之间的差别，然后才会做出最终的决策，以满足自己的需求。而服务促销可以展示服务的特色和优势，帮助客户进行比较和鉴别，进而做出购买决策。

（4）说服客户尝试服务。客户购买服务时，面对简单的内容介绍，难免会对服务的真实质量、效果及是否满足自身需求存有疑虑。而服务促销不仅可以提供完备的服务信息，还可以提供消费的信息保证。例如，企业可以让客户亲自试听、试用、试吃、试驾等，以帮助客户更全面地认识和感知服务，从而增强客户对服务的信任和好感。

同步案例

亚朵酒店：重视人员沟通，创造“中国体验”

作为中高端酒店市场的知名品牌，亚朵酒店精准把握客户偏好，持续向客户提供“中国体验”服务，收获了良好的市场口碑。

2023 年年初，亚朵酒店提出“中国体验”的战略方向，在细节中体现出自身的差异化竞争优势，致力于为客户带来更好的住宿体验。例如，从初见时刻的“百分百奉茶”，到客户入住之后提供当地特色早餐，再到具有边界感的“邻里服务”。又如，亚朵酒店设置了流动图书馆——“竹居”，便于客户进行阅读和结交志同道合的朋友。

亚朵酒店通过提供高品质的酒店设施、书籍、音乐等，使客户在紧张、疲惫的旅途中享受舒适的住宿环境、放松的居停空间，得到心灵上的放松和人生感悟的共鸣。

（资料来源：《亚朵坚持“中国体验”，打造亚朵级服务》，主流日照 App，2024 年 3 月 4 日）

二、服务促销方式

服务促销方式包括人员促销和非人员促销。其中，非人员促销是指企业通过一定的媒体形式传递服务信息的促销活动，主要包括服务广告促销、服务销售促进和服务公共关系。

（一）人员促销

1. 人员促销的含义和优缺点

人员促销是指销售人员以面对面口头交谈的方式，与目标客户直接沟通，并运用一定的促销手段介绍、推广、宣传服务，以说服目标客户购买服务的活动。它是企业情感营销和客户关系管理的基石，主要适用于保险、医疗、保健、装修、房地产等内容复杂且个性化程度较高的行业。

人员促销的优点如下：一是促销方式灵活，销售人员服务周到；二是销售人员直接观察客户的态度和反应，能及时得到反馈信息，进而当面促成交易；三是企业可以与客户建立良好的人际关系，进而保持长期的业务关系。但是，它对销售人员的要求较高，需要企业花费较高的成本招聘或培训优秀的销售人员。

课堂讨论

有人说："人员促销就是多磨嘴皮、多跑腿，把服务卖出去而已，不需要什么学问和技术。"

你认为以上说法正确吗？请说说自己的想法，并与同学们讨论。

2．人员促销的方式

一般来说，人员促销主要有以下几种方式。

（1）上门促销。上门促销是指销售人员亲自上门，与客户面对面交流，介绍和推荐服务的行为。这种方式方便销售人员根据客户的实际需求，提供个性化的服务和解决方案，但是容易受时间、地点等因素的限制。在实际生活中，上门促销容易让客户产生厌烦的心理，导致促销失败。

（2）会议促销。会议促销是指销售人员利用各种会议，如新闻发布会、促销会、展销会等，向与会人员宣传、介绍和推荐服务的行为。这种方式方便销售人员同时向多个潜在客户推荐服务，但是容易受会议规模、与会人员等因素的限制。

（3）柜台促销。柜台促销是指销售人员在固定的门市或店铺内接待客户，向客户介绍和推荐服务的行为。这种方式方便客户亲自到店铺了解服务，实时得到销售人员的解答和服务，但是容易受店铺位置、营业时间等因素的限制。

（4）电话促销。电话促销是指销售人员通过电话与客户沟通，介绍和推荐服务的行为。这种方式成本较低，可以覆盖更广泛的潜在客户群，但可能受客户接听意愿、沟通效果等因素的限制。

知识视窗

主播的促销技巧

（1）吸引注意力：利用生动有趣的开场白或标题，快速吸引观众的注意力；利用视觉效果，如精心设计的背景、道具或灯光，为直播营造专业氛围。

（2）建立信任：言行一致，避免虚假宣传，与观众建立真诚的联系；分享触动人心、引发共鸣的个人经历或故事，拉近与观众之间的距离；深入了解和体验产

品，确保推荐的产品真实可靠。

（3）突出产品特点：清晰地介绍产品的功能、优势和使用方法；结合实际使用场景，展示产品的实际效果和用途；通过对比或举例的方式，强调产品在同类产品中的独特性。

（4）处理疑虑和问题：预先准备一些观众好奇的问题，并给出明确的答案；鼓励观众在直播中提问，实时解答他们的疑虑。

（5）利用限时促销：设定限时折扣或限量促销，清晰地展示折扣幅度，如限时5折等，激发观众的购买欲望；利用倒计时或库存紧张等手法，强调剩余库存，增加购买的紧迫感。

（6）引导互动和分享：邀请观众参与互动环节，如抽奖、答题等，增加直播的趣味性；鼓励观众分享直播链接，扩大传播范围。

（7）优化直播节奏：控制直播时长，避免观众产生疲劳感；合理安排产品介绍和互动环节，保持直播的流畅性。

（8）后续服务：提供详细的购买链接和购买指南，方便观众下单；跟踪订单状态，及时解答观众的售后问题。

（二）服务广告促销

1. 服务广告的含义和作用

服务广告是指企业为了推广和宣传某种服务而制作的广告，通常包括文字、图像、视频等多种形式，出现在电视、报纸、杂志、互联网等各种媒体平台上。服务广告是服务促销强有力的手段，具有重要的作用，具体表现在以下几个方面。

（1）突出服务特点。服务广告通常强调服务的独特性、专业性和优势，可以帮助客户了解服务的核心价值和差异化。

（2）塑造品牌形象。通过服务广告的设计和传达，企业可以塑造品牌形象，增强客户对服务的信任和好感。

（3）激发客户需求。服务广告通过有趣的创意和内容，可以激发客户的需求和兴趣，促使他们采取购买行动。

（4）扩大市场份额。服务广告可以提高服务的知名度和曝光率，吸引更多的潜在客户，从而扩大市场份额。

2. 服务广告媒体

常见的服务广告媒体有传统广告媒体和网络广告媒体。传统广告媒体包括报纸、杂志、广播、电视、电子屏、广告牌等。网络广告媒体是指在互联网上发布广告的各类媒体平台。

随着信息技术及互联网的发展，以搜索引擎、社交媒体、新闻媒体、视频平台、电商平台等形式出现的网络广告媒体层出不穷。这些网络广告媒体的传播速度快、覆盖面广、时效性强，并具有一定的交互性，能够跨越时空的界限，成本相对较低。但是，部分网络广告媒体缺乏权威性，会降低公众对广告内容的信任度，导致广告信息被过滤掉。

总的来说，在选择服务广告媒体时，企业应结合自身的资源条件，充分考虑不同媒体的差异，综合运用各种广告媒体，特别是将传统广告媒体与网络广告媒体结合起来，从而实现整合传播。例如，穷游网不仅定期召集客户开展线下交流，还推出了中文出境游免费旅行指南《穷游锦囊》、免费杂志《穷游天下》等电子刊物。

同步案例

故宫的广告营销

故宫博物院（以下简称“故宫”）是我国著名的古代文化艺术博物馆之一。故宫积极开展广告营销，将传统文化丰富、有趣、生动地传递给公众，拉近了自身与公众的距离，使越来越多的人愿意主动走进故宫，感受中国传统文化的博大精深。

一、网站营销

故宫不仅通过官方网站发布权威信息，介绍故宫的历史、文物收藏和古建筑等，还于2010年在天猫开设了故宫博物院文创旗舰店，通过销售文创产品来传播故宫文化与中国传统文化。

二、微博与微信营销

故宫的官方微博号“故宫博物院”以正统稳重的风格，时常发布故宫内的展品、风景及相关文化知识，对微博用户产生了良好的营销效果。故宫的官方微信号“微故宫”以大量新奇有趣、富有创意的原创内容，推送故宫的文创产品，对微信用户产生了良好的营销效果。

三、App营销

故宫自成立新媒体公司以来，开发了多款App，如每日故宫、故宫展览、故宫陶瓷馆、紫禁城600、皇帝的一天等。通过各款App，故宫从多角度诠释中华传统文化和藏品，达到了极好的宣传效果。例如，“每日故宫”App每日甄选一款馆藏珍品，让人们方便在手机上仔细欣赏其高清大图，同时向人们介绍每件珍品的工艺要点及背景故事。

四、视频营销

故宫采用的视频营销有纪录片、宣传片、直播、微电影等，其中纪录片和直播是主要的营销形式。例如，2016年出品的《我在故宫修文物》重点记录了稀世珍奇文物的修复过程，详细展示了文物修复者的匠心精神，被各大媒体争相报道，成为一次绝佳的视频营销。

（资料来源：赵伟晶，《北京故宫博物院新媒体营销策略》，《经营与管理》2019年第7期）

3. 服务广告的制作

服务广告应富有创意，使人耳目一新。精良的服务广告会给公众留下深刻的印象，甚至被当作艺术品来欣赏。一般来说，企业可以从以下几个方面来制作高质量的服务广告。

（1）增强服务的有形性。

企业应运用容易被感知的有形线索来制作服务广告，以传达所提供服务的领域、深度、质量等信息。此外，企业还可以持续、连贯地运用主题、造型或形象，将服务同某种有形物品联系起来，如设计一个代表企业的吉祥物、徽章等，给公众留下深刻的印象。

（2）强调服务的特色和优势。

企业应在服务广告中重点宣传服务的特色。例如，水果店宣传“购物满 20 元，2 千米内加 1 元提供定时送货上门服务”。同时，企业还应在服务广告中集中介绍服务的优势，即宣传客户从中可以得到什么好处，满足什么需求。例如，真功夫品牌的宣传口号是“营养还是蒸的好”，以此向客户展示其核心卖点：蒸的、中式的、营养的、健康的。

（3）唤起美好的联想。

企业应设计与服务相关的美好联想，给客户带来美的享受。例如，泰康人寿在央视黄金时段发布了持续全年的“幸福时光”新版广告，激发了公众对幸福的思考和渴望。

（4）重视宣传品牌形象。

企业应在服务广告中宣传品牌形象，以增强客户对服务的信心和好感。例如，厦门航空公司“人生路漫漫，白鹭常相伴”的广告语简单易记，朗朗上口，其以白鹭自喻，同时配以白鹭徽标，起到画龙点睛的作用，让人印象深刻。

（5）利用名人效应。

企业可以聘请名人做形象代言，借助名人的名气和光环效应，拉近与客户之间的距离。例如，招商银行与某知名钢琴表演艺术家签订了“因您而变”品牌代言协议，因为该钢琴家年轻、富有活力，演奏风格充满激情，与招商银行“创新、领先”的品牌个性相吻合。但是，名人效应具有一定的风险性，一旦名人因个人行为产生负面新闻，企业的品牌形象也会受到影响。

4. 服务广告的策划

在对服务广告进行策划前，企业首先要保证服务广告符合自身的服务营销战略，使其与其他营销组合要素（如服务价格、服务人员、服务环境等）相互协调。服务广告的策划一般包括以下几个步骤。

（1）确定服务广告标的。

确定服务广告标的，即确定服务广告的受众。针对个人购买的服务，企业可以从客户的角度确定服务广告的受众，如客户的性别、年龄、生活习惯、购买频率等。针对组织购买的服务，企业可以按照行业特点、专业层次、行业规模等方面来确定服务广告的受众。

（2）明确服务广告目的。

服务广告目的主要包括宣传购买服务的好处、劝说客户尝试服务、对服务进行区分、纠正客户的错误感觉、进行服务定位、加强客户对服务的记忆等。企业只有明确了服务广告目的，才能确定合适的服务广告媒体和传播方式。

（3）设定服务广告预算。

企业设定服务广告预算时应综合考虑销售比例、可支配资源、竞争者等多个因素。具体来说，企业通常会根据过往的销售业绩或预期的销售目标来设定服务广告预算。当然，在资源有限的情况下，企业应更加谨慎，避免出现难以收回成本的情况。

（4）选择服务广告媒体。

在选择服务广告媒体时，企业不仅需要考虑服务广告受众的特点、接收媒体信息的时间和渠道，还要注意服务广告媒体的作用、持续时间、传播效果、宣传成本等因素，以选择合适的服务广告媒体。

（5）设计服务广告内容。

服务广告内容应易于理解，使受众清楚地知晓服务广告所传递的信息。这就要求企业必须把服务的优势转换为吸引受众的语言、图像、声音等，以引起受众的兴趣和共鸣。

（6）实施服务广告宣传。

实施服务广告宣传主要包括对不同的广告媒体分配必要的资源，确定服务广告传播的频次，协调服务广告与其他促销方式的配合，选择合适的广告商，向服务广告代理商付款，等等。

（7）评价服务广告效果。

实施服务广告宣传后，企业应收集、分析数据，以评价服务广告效果。这些数据通常包括服务广告点击率、转化率、品牌知名度等指标。根据评价结果，企业可以进一步调整广告策略，提高服务的吸引力。

知识视窗

评价服务广告表现的“SCORE”原则

评价服务广告一般采用“SCORE”原则，主要包括以下几个方面。

（1）S 代表 simplicity，即简洁。越是简洁的服务广告，越能给人留下深刻的印象。为了突出服务广告主题的记忆点，服务广告的表现形式应力求简洁。

（2）C 代表 credibility，即可信度。服务广告不能欺骗、误导消费者，不能夸大事实，其表现形式应与内容相适应，以增加可信度。

(3) O 代表 originality，即创新。服务广告的理念和表现形式都应给人一种焕然一新的感觉。

(4) R 代表 relevance，即切题。服务广告的表现形式可以不拘一格，但必须遵循“形散而神聚”原则，围绕服务的核心部分（即利益点）进行宣传。

(5) E 代表 empathy，即共鸣。服务广告应易于引起受众的共鸣，使其产生认同和好感。

（三）服务销售促进

1. 服务销售促进的内涵

服务销售促进，又称“服务营业推广”，是指企业为刺激客户购买服务而进行的具有短期诱导性和强刺激性的宣传活动。服务销售促进是一种辅助性促销方式，需要配合其他促销方式一起使用。

服务销售促进直接而迅速，往往能在短期内产生明显的促销效果。但是，攻势过强的服务销售促进容易引起客户的逆反心理，使客户误认为服务存在问题，从而损害企业的品牌形象。因此，企业进行服务销售促进时要注意选择合适的方式和时机。

2. 服务销售促进的方式

（1）价格/数量促销。

价格/数量促销表现为企业给予客户一定的减价或折扣。这种方式对于那些对价格敏感的客户有很强的吸引力。例如，客户购买满 100 元的服务可立减 20 元。

价格/数量促销通常为短期促销，不是为了鼓励客户持续的大额购买，适合在一个有限的时间内使用。例如，旅游公司在旅游淡季推出门票折扣、住宿折扣等。

（2）样品赠送。

样品赠送不仅可以宣传服务，还可以为客户提供一个免费试用服务的机会。例如，某软件公司提供多款软件免费试用服务。

（3）优惠券。

客户持优惠券可以免付一定金额的价款或享受额外的服务。例如，客户持某餐厅发放的 30 元优惠券到该餐厅用餐，可以直接用优惠券抵扣相应金额的餐费。

（4）未来折扣补贴。

未来折扣补贴表现为企业在未来购物或消费过程中，为客户提供直接折扣、现金返还、积分累积、优惠券等。一般来说，服务消费量越多，客户获得的折扣力度越大，如航空公司提供积分换机票、免费升舱等服务。

（5）礼品赠送。

为了给短暂易逝的服务增加有形要素，企业会赠送客户一些礼品。例如，银行会定期开展礼品战，向拥有不同级别存款金额的储户赠送背包、雨伞、电饭煲、行李箱等礼品。

（6）抽奖销售。

客户购买一定数量或金额的服务之后可获得抽奖券，凭券抽取奖品或奖金。抽奖销售可以有效增强客户对服务过程的参与感和兴奋感，增加客户消费服务的频率。

3．服务销售促进的策划

为了保证服务销售促进活动达到预期的效果，企业必须事先按下列步骤进行周密的策划。

（1）确立服务销售促进目标。

企业进行服务销售促进时，首先要明确服务销售促进目标。一般来说，针对客户的目标是鼓励其试用和购买；针对中间商的目标是鼓励其大量促销本企业的服务，从而建立紧密的合作关系；针对销售人员的目标是鼓励其大力促销本企业服务新产品或促使其积极开拓新市场。

（2）制订服务销售促进方案。

企业应制订服务销售促进方案，提升服务的市场竞争力。一般来说，服务销售促进方案主要包括促销对象、促销程度、促销规模、促销方式、促销期限、促销预算等内容。

（3）实施服务销售促进方案。

若条件允许，企业应先在小范围内测试服务销售促进方案，以检验其可行性。测试通过后，企业应制订详细的实施计划，以便有效执行服务销售促进方案。在服务销售促进方案的实施过程中，企业应密切关注市场变化，以便根据实际情况及时进行调整。

（4）评价服务销售促进效果。

准确的评价有利于企业总结经验、吸取教训，为今后的决策提供依据。常用的服务销售促进效果的评价方法有以下几种：一是比较法，即比较服务销售促进前、中、后的营业情况；二是调查法，即在服务销售促进结束后，了解有多少客户还记得这次活动的内容，多少人受益，以及这次活动对客户以后选择品牌起到什么作用，等等；三是试验法，即在不同地区对各种销售促进方式进行试验，以便对不同销售促进方式的效果进行对比。

（四）服务公共关系

1．服务公共关系的内涵

服务公共关系是指企业设计面向公众的各种方案，促进公众对企业的认识、理解和支持的活动。服务公共关系的构成要素包括企业、公众和传播，其中，企业是主体，公众是客体，传播是连接主体和客体的桥梁。

服务公共关系不仅可以协助企业启动新任务，树立并维护良好的品牌形象，加强企业定位，还可以帮助企业控制和纠正不利的舆论，从而使企业与社会各方面建立良好的关系。

知识视窗

医院需要协调的公共关系

医院形象的建立与维护并非一时之功，需要医院协调各种公共关系，具体如下。

（1）医患关系。良好的医患关系是建立医院良好口碑的重要环节。

（2）新闻媒体关系。医院必须与新闻媒体建立良好的关系，尤其要在医患矛盾和医疗纠纷的问题上与新闻媒体达成共识，并获得充分的理解与支持。

（3）社区关系。良好的环境、和睦的邻居，以及地方政府机构、团体组织的理解与支持等，都是医院稳定发展的动力。医院应积极参与社会公益活动，如定期开展义诊、宣传医疗保健知识、组织居民体检、建立病友会等，从而树立良好的社会公众形象。

（4）同行关系。同行既是竞争者，又是相互依存的合作者。医院应多与同行进行交流与合作，避免出现损害同行利益和声誉的言行，并寻求能实现双赢的合作机会。

2. 服务公共关系的工具

（1）宣传报道。

企业可以通过新闻报道、人物专访等宣传报道来传播自身的正面信息。当然，宣传报道的信息必须真实可靠、实事求是，同时包含媒体和公众感兴趣的内容。一般来说，宣传报道比广告更具说服力，但宣传内容必须符合国家有关法律法规的规定。

（2）事件赞助。

企业的品牌形象是客户感知服务质量的过滤器。如果企业的品牌形象较好，客户则会谅解企业的个别失误；如果企业的品牌形象不佳，则任何细微的失误都会对企业造成不良影响。因此，企业必须树立和维护良好的品牌形象。

一般来说，企业可以发起或参与各类社会活动，为社会上的重大事件和公益事件提供赞助，如体育比赛、音乐节、艺术展览等文体赛事，教育、健康、扶贫等公益福利事业，城市绿化、公共交通、环境保护等市政建设项目。这些社会活动不仅可以展示企业的社会责任感，提高企业知名度，还可以帮助企业与相关领域建立良好的合作关系，获得在媒体上的曝光机会，从而获得客户的肯定，赢得客户的好感。

（3）名人宣传。

企业可以邀请名人参与相关活动，以扩大市场吸引力。例如，大连市旅游局推出“银发导游”项目，聘请了一批退休的学者，让他们利用自身的渊博知识吸引游客，大大提高了当地旅游业的服务水平。

（4）口碑传播。

服务是一种体验过程。客户在购买服务之前很难了解到服务的全貌，因此在没有亲身经历的情况下，会认为有亲身经历的其他客户传递的信息更可靠。

口碑传播具有较强的交流性，不仅可以直接、快速、集中地反馈信息，而且其传递的信息通常会被认为是客观的、中立的，不容易引起客户的戒备与排斥，从而易于在较短的时间内改变客户的态度和行为。

（5）互联网传播。

企业可以利用互联网，以文字、图片、音频、视频等多种形式，实现服务信息的广泛传播。互联网传播的形式包括但不限于网站内容发布、社交媒体传播、在线视频直播、电子邮件传送、论坛讨论、博客撰写等。

互联网传播不仅可以帮助企业更好地与客户进行即时互动，还可以帮助企业获得客户的各种反馈信息，从而为改进服务和开发服务新产品提供较为可靠的依据。

服务贴士

在实际经营中，企业可以根据市场环境和客户需求的不断变化，将各种服务促销方式有机地结合起来，并不断调整和创新，以发挥整体效应，从而实现营销目标。

强化训练

知识检测

一、不定项选择题

1. 服务分销渠道的中间商不包括（　　）。

A．经销商　　B．零售商

C．社交媒体　　D．消费者

2. 网络分销的优点包括（　　）。

A．有助于企业扩大服务的覆盖范围

B．有助于企业提高服务效率，降低服务成本

C．有助于企业与客户进行面对面的沟通

D．有助于企业随时与客户沟通，及时解决相关问题，提高客户满意度

3. 连锁经营的特征不包括。（　　）。

A．经营理念的统一　　B．品牌形象的统一

C．经营规模的统一　　D．经营管理的统一

4．间接分销的形式主要有（　　）。

A．服务代理　　B．邮购销售

C．服务经销　　D．服务展销会

5．服务促销的意义主要体现在（　　）。

A．宣传服务信息　　B．明确服务定位

C．展示服务特色　　D．说服客户尝试服务

6．人员促销的优点包括（　　）。

A．促销方式灵活，销售人员服务周到

B．销售人员直接观察客户的态度和反应，能及时得到反馈信息，进而当面促成交易

C．企业可以与客户建立良好的人际关系，进而保持长期的业务关系

D．企业需要花费较高的成本招聘或培训优秀的销售人员

7．企业要想制作高质量的服务广告，就要（　　）。

A．增强服务的无形性　　B．利用名人效应

C．强调服务的特色和优势　　D．唤起美好的联想

8．服务销售促进的策划步骤为（　　）。

① 确立服务销售促进目标　　② 实施服务销售促进方案

③ 制订服务销售促进方案　　④ 评价服务销售促进效果

A．①③②④　　B．①②③④

C．③①②④　　D．③②①④

9．网络广告媒体不包括（　　）。

A．搜索引擎　　B．广告牌

C．微信　　D．视频网站

二、判断题

1．服务分销渠道是指服务从企业向客户转移的过程中所经过的途径。（　　）

2．特许经营适用于需要快速扩张、简单化且容易被复制的服务。（　　）

3．服务销售促进直接而迅速，往往能在短期内产生明显的促销效果。（　　）

4．服务广告通过有趣的创意和内容，可以激发客户的需求和兴趣，促使他们采取购买行动。（　　）

5．企业只有确定了服务广告媒体，才能明确服务广告目的。（　　）

三、简答题

1．简述服务分销渠道的功能。

2．简述特许经营的优缺点。

3. 简述服务广告的策划步骤。

4. 简述服务销售促进的方式。

5. 简述服务公共关系的工具。

案例分析

韵达的“主动服务”理念

为了在日趋激烈的市场竞争中打造品牌优势，韵达控股股份有限公司（以下简称“韵达”）在“重投资、抓改革、促发展”的同时，在分销服务上下功夫，提出了“主动服务”理念，进一步提高服务质量。

首先，这种理念体现在服务的丰富和完善上。韵达根据市场发展趋势和客户需求，先后推出了同城当天件、区域当天件、国内次晨达、国内次日下午达、电子商务件等普通快件系列服务，以及到付件、签单返还等增值快件系列服务，方便和满足了客户不同层次的需求。

其次，这种理念体现在服务设施的建设上。韵达在全国分阶段推进建设万余家标准门店，让营业网点走进生活小区、高校校区和工业园区，并将其逐级推进到县、乡（镇）、村，为各级客户提供贴心的快递服务。

最后，这种理念体现在服务意识的提升上。韵达推行“服务承诺”制度，在快件揽收、中转、运输和派送的各个环节，通过手持终端设备、车辆GPS监控系统、视频远程监控系统等科技化手段，主动、实时追踪快件，方便客户查询和咨询。

结合所学知识回答以下问题：

分析韵达“主动服务”理念的过人之处。

拓展实训

任务描述

以小组为单位，选择一项市场上已有的服务，围绕该服务收集相关促销案例和资料，然后结合所学知识完成以下任务。

（1）整理收集到的案例和资料，了解服务促销的方式和内容，分析该服务在促销方面存在的问题。

（2）根据该服务的特色，构思自己的服务促销方案。

（3）组织内容研讨会，集中大家的服务促销方案，并撰写一份服务促销策划书。策划书中应包含针对该项服务的主要促销方式或促销组合、具体的操作方案，以及与现有市场促销方式不同的创新点。

（4）派出一名代表在课堂上展示本组的服务促销策划书。

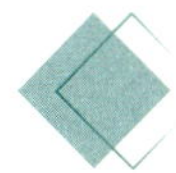

任务分配

全班学生以6～8人为一组进行分组，各组选出组长并进行任务分工，然后将小组成员及分工情况填入表5-3中。

表5-3　小组成员及分工情况

班级		组号		指导教师	
任务内容					
小组成员	姓名	学号	任务分工		
组长					
组员					

任务实施

将实训任务的具体完成情况记录在表5-4中。

表5-4　实训任务完成情况记录表

时间和任务安排	实施步骤
	1．拆解任务，认识任务中的重点和难点，包括：
	2．确定本组选择的服务和信息检索方法，记录本组收集的服务促销案例和资料，包括：

时间和任务安排	实施步骤
	3. 整理收集到的案例和资料，分析所选服务在促销方面存在的问题，包括：
	4. 结合该服务在市场上的促销状况，针对存在的问题提出合理的建议和改进措施，包括：
	5. 结合该服务的特点和所学知识，构思服务促销方案，包括：
	6. 组织内容研讨会，根据服务促销方案撰写一份服务促销策划书，说明创新点，包括：
	7. 各小组代表在全班同学面前分享本组的服务促销策划书，教师和其他小组成员可以提问或发表意见，包括：

学习成果评价

指导教师可以根据学生的课堂表现、实际学习成果和任务完成情况对其进行评价。学生配合指导教师共同完成学习成果评价表（见表5-5）。

表5-5　学习成果评价表

班级		组号		日期	
姓名		学号		指导教师	
学习成果					
评价维度	评价指标	评价标准	分值	评价分数	
				自评	师评
素养评价 20%	学习态度	刻苦认真，勇于钻研	5		
	纪律意识	遵守课堂纪律，认真完成课堂作业与课后作业	5		
	互动意识	积极发言，完成课堂互动	5		
	团队精神	尊师爱友，积极合作，团结奋进	5		
知识评价 20%	基础知识	了解服务分销渠道的含义、特征和功能，熟悉服务分销模式	5		
		了解服务促销的意义，掌握服务促销方式	5		
	应用知识	能够根据企业的实际情况选择合适的服务分销模式和服务促销方式	10		
能力评价 30%	检索能力	熟练应用多种信息检索方法	5		
	实践能力	对所选服务了解透彻，分析深入	10		
	探索创新能力	在实践过程中有新的想法或思路，有自主探究学习的意识	15		
成果评价 30%	时间观念	按时完成实训任务	5		
	服务促销策划书	清晰流畅、重点突出、详略得当	10		
		选择的服务促销方式合适且可行性较高	15		
合计			100		
总评	自评（30%）+师评（70%）=		教师（签名）:		

项目六

落实服务人员管理，提升服务质量

项目导读

服务人员的态度和行为在服务行业中起着至关重要的作用。他们不仅代表着企业，还直接影响着服务质量和客户满意度。因此，企业应重视服务人员管理，努力为服务人员提供良好的工作环境和发展机会，激发服务人员的工作热情和创造力，从而推动自身的可持续发展。

素养目标

（1）培养用发展的眼光看待问题的能力。

（2）培养领导、管理和发展团队的能力。

知识目标

（1）了解服务人员的重要性、构成和素质要求。

（2）熟悉服务人员的招聘要求与培训内容。

（3）掌握服务人员的激励方式。

技能目标

（1）能够根据企业的实际情况招聘和培训服务人员。

（2）能够根据服务人员的发展情况选择合适的激励方式。

开篇案例

专业、热情、周到的店员

2023 年 10 月 1 日是悦悦的 18 岁生日。生日当天，悦悦在家里收到了爸爸送给自己的生日礼物——一款女士手表。悦悦非常惊讶，因为这款手表非常符合自己的审美，便询问爸爸怎么想到买这款手表作为自己的生日礼物。于是，爸爸回忆并讲述了他的购物经历：

“有一天，我在商场为了寻找一款合适的手表作为你的生日礼物，走进了某品牌手表店。店长热情地招待了我，在得知我要为你挑选手表后，便交代一位年轻女店员帮忙介绍。年轻女店员和我打过招呼后，快速找到几款适合你们这个年龄段审美的手表，并一一为我做了详细的介绍。随后，她竟然询问了你的肤色，得知你的肤色和她的肤色有偏差后，还特意让一位肤色与你相近的同事来试戴手表，以便让我更加直观地感受手表的佩戴效果。我很快便选出了这款手表，认为你会非常喜欢。这家店的服务人员不仅业务娴熟，而且服务态度细致入微。这次购物体验给我留下了深刻的好印象，下次买手表我还会去这家店挑选。”

问题思考：怎样评价案例中店员的素质和服务水平？

一、服务人员的重要性

企业为客户提供服务，不仅需要必备的服务设施，即硬件部分，也需要水平较高的服务人员，即软件部分。服务人员不仅能很好地发挥服务设施的各项功能，还能在某种程度上弥补服务设施的不足，增强客户的服务感知。一般来说，服务人员的重要性主要体现在以下几个方面。

（一）服务人员是服务的组成部分

服务人员与服务是不可分割的整体。在一些高接触的服务行业中，服务的生产依赖于服务人员的参与。例如，导游只有具备专业的知识和技能，才能为游客提供优质的导游服务，包括解说、引导、组织活动等，进一步提升游客的旅游体验。

在一些个性化服务中，服务人员甚至等同于服务。例如，在电器维修服务中，维修人员的专业技能和经验决定了电器能否得到有效修复。

（二）服务人员是企业形象的代表

服务人员是企业与客户互动的桥梁，是企业形象的代表。在客户眼中，服务人员是其所能接触到的企业的物化代表，如银行的客户经理、培训机构的教师、航空公司的空乘人员等，他们的语言、动作、态度都会影响客户的服务感知。一个整洁、专业、自信的服务人员，会给客户带来信任和安全，从而增加客户对服务和企业的信任和好感。

（三）服务人员是服务的主力营销者

服务人员不仅是提供服务的核心人员，更是服务营销的主力军。在与客户互动的过程中，服务人员会针对客户的需求和期望来展示服务的特色和优势，进一步激发客户的购买欲望，最终促成交易。例如，在各大银行网点，柜员们不仅为客户办理相关业务，还会根据客户需求推荐合适的服务，如保险服务、理财服务、贷款服务等。

知识视窗

服务营销三角形

服务营销三角形是一个战略框架，用于描述服务营销中的关键要素和它们之间的相互关系，如图 6-1 所示。

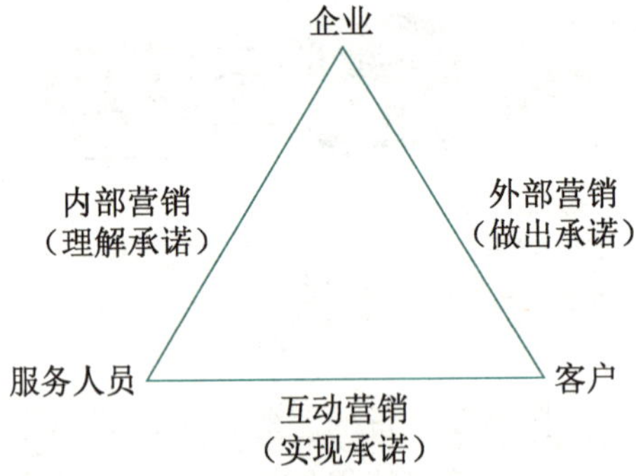

图 6-1　服务营销三角形

外部营销位于三角形的右边，是指企业对可交付的服务向客户做出承诺的行为，通常包括售前准备、市场定位、价格制订、分销渠道的建立等。

内部营销位于三角形的左边，是指企业通过培训与激励服务人员，使服务人员理解承诺并具备提供优质服务所需的知识、技能和态度的行为，通常包括技能培训、激励制度、工作环境改善等。

互动营销位于三角形的底边，是指服务人员在与客户互动的过程中实现承诺的行为，通常包括服务人员的态度、沟通技巧、解决问题的能力等。

这三个部分相互关联、相互影响，共同构成了服务营销的核心。其中，外部营销的有效性取决于内部营销和互动营销的支持，内部营销和互动营销的成功依赖于外部营销的策略和定位。只有这三个部分协同作用，企业才能最大程度地实现服务营销的整体效果，从而实现持续的业务增长和竞争优势。

二、服务人员的构成

服务人员的构成是指服务行业中承担各种不同角色和职责的人员组合。这些人员共同协作，确保服务流程的顺畅进行，进而为客户提供高质量的服务。以酒店业为例，酒店服务人员的构成主要包括以下几个方面。

（1）前台服务人员。前台服务人员包括前台接待员、收银员、迎宾员等，他们负责接待客人、办理入住和退房手续、提供酒店信息、解答客人疑问等。前台服务人员的形象和态度往往会给客人留下第一印象，其服务质量对酒店声誉和客户满意度至关重要。

（2）客房服务人员。客房服务人员包括客房服务员、客房清扫员等，他们负责客房的清洁、整理和维护工作，确保客房的卫生、整洁和舒适，为客人提供温馨的住宿环境。

（3）餐饮服务人员。餐饮服务人员包括餐厅服务员、厨师等，他们负责为客人提供高品质的餐饮服务，包括点餐、制作美食、提供用餐服务等，确保客人在用餐过程中得到愉快的体验。

（4）会议和宴会服务人员。酒店常常承接各种会议和宴会活动，因此需要专门的会议和宴会服务人员。他们负责活动的筹备、布置、现场协调和服务工作，确保活动的顺利进行。

（5）娱乐服务人员。酒店可能设有健身房、游泳池、SPA 等娱乐设施，因此需要相应的服务人员来管理和维护这些设施，同时为客人提供专业的娱乐服务。

（6）行政和后勤服务人员。行政和后勤服务人员是酒店运营的重要支持力量，包括行政助理、人力资源专员、财务人员、安保人员等。他们负责酒店的日常行政工作、人力资源管理、财务管理、安全保障等，确保酒店的正常运营和客人的安全。

总之，不同的服务行业具有不同的特点和需求，其服务人员的构成也需要根据实际情况进行调整和优化，以确保服务的高效和专业，满足客户的需求和期望。

三、服务人员的素质要求

服务人员的素质要求是服务人员提供高效、专业、优质服务的基础，主要包括基本素质要求和技能素质要求。服务人员需要不断提升自己的综合素质和技能水平，以更好地满足客户的需求和期望，为企业创造更大的商业价值。

（一）基本素质要求

（1）诚信和责任心。服务人员需要以诚实守信为准则，真诚友好地对待客户，不做出误导性或欺骗性的服务介绍。同时，服务人员需要具备强烈的责任心，认真负责地对待工作，确保服务质量。

（2）良好的心理素质。服务人员需要具备良好的心理素质，如耐心、冷静、坚韧不拔等，以便在面对客户的各种情绪时保持冷静，并迅速、有效地安抚客户。

（3）仪态端庄。服务人员需要保持良好的仪表和举止，做到着装得体，精神饱满，自信大方，给客户留下良好的印象。

（4）服务意识。服务人员需要以客户为中心，积极满足客户的需求和期望，提供个性化的服务体验。

（二）技能素质要求

（1）专业技能。服务人员需要具备相关的知识和技能，以便有针对性地为客户提供服务。例如，在医疗行业中，护士需要掌握各种医学知识和技能；在旅游行业中，导游需要了解各地的历史文化和风土人情；等等。

（2）沟通能力。服务人员需要具备良好的沟通能力，善于倾听和表达，与客户进行有效沟通，建立良好的沟通关系。

沟通能力到底有多重要

（3）解决问题的能力。服务人员需要具备解决问题的能力，以便更好地应对各种突发情况，并及时提供有效的解决方案。

（4）团队合作能力。服务人员需要具备良好的团队合作能力，以便更好地与其他团队成员协作，从而实现团队的目标。

任务二 服务人员的管理

成功的服务营销与服务人员的管理息息相关。通过有效的服务人员管理，企业可以建立一支以客户为导向、以服务为理念的队伍，不断提高客户满意度，增强品牌形象。同时，服务人员也可以在工作中获得成长和满足感，最终实现个人和企业的双赢。

一、服务人员的招聘

企业应招聘高素质的服务人员，为提供让客户满意的服务打好基础。在现代服务业发展和专业化服务要求的背景下，企业招聘服务人员时，应考察他们是否兼具服务能力和服务意愿，二者缺一不可。

（一）服务能力

服务能力是指从事指定服务工作所必备的专业知识和技能，是做好服务工作的基本保证。在招聘服务人员时，企业不仅应考察应聘人员的教育背景、专业知识和技能等，还应考虑其实际工作经验、个人特质和潜力。一般来说，企业可以通过面试、技能测试、模拟工作场景等来考察应聘人员，以确保他们具有从事该项服务所需的服务能力。

需要注意的是，不同职位对服务能力的需求是不同的。例如，有些职位可能更侧重于技术或专业知识，而有些职位可能更注重沟通和人际交往能力。因此，在招聘服务人员时，企业应明确每个职位所需的服务能力，并据此制订相应的招聘策略和评估标准。

（二）服务意愿

服务意愿是指个体或组织愿意为他人提供帮助或服务的程度。强烈的服务意愿是成为优秀服务人员的必要条件。在招聘服务人员时，企业应考察应聘人员对服务工作的兴趣，确认他们对服务的态度，以保证招聘的服务人员与自身的价值观相融合，从而降低新聘服务人员与现有团队的磨合成本。

当然，并不是所有人都适合从事服务业的相关工作，因为这项工作要求人们具备特定的个性特质。研究表明，那些乐于助人、细心和喜欢交际的人通常更适合服务业。因此，越来越多的企业开始尝试根据一个人的价值观、生活风格来招聘服务人员。

二、服务人员的发展

服务人员会有自己的职业发展规划，他们希望在工作中争取学习与提高的机会。因此，企业不仅需要向服务人员提供合适的岗位及良好的工作环境，还需要满足服务人员在职业发展方面的需求。一般来说，企业可以从以下几个方面入手。

（一）服务人员的培训

企业应对服务人员进行有目的、有计划的培养和训练，帮助他们不断地更新知识、提高技能，从而建立一支积极上进、充满活力的服务队伍，为提供优质服务打好基础。

为什么要对服务人员进行培训——以酒店业为例

1．服务观念的培训

服务好不好，观念很重要。企业应重视服务观念的培训，帮助服务人员树立以下观念。

（1）服务要以客户为中心。以客户为中心，即一切从客户的利益出发。在服务过程中，服务人员要以客户及其需求作为行动导向，想客户之所想，急客户之所急，理解、关心、爱护和尊重客户。

（2）服务要多走一步。服务质量的高低取决于服务人员能否比别人多走一步。多走一步可从以下几个方面理解：一是比竞争者多走一步；二是比客户期望的服务水准多走一步，即超越客户的期望。例如，一家汽车维修店在维修好客户的车辆后，会主动检查车辆的其他部分，并提供免费的建议和维修方案，确保车辆的安全。

（3）服务要换位思考。服务人员要从客户的角度出发，设身处地为客户着想，确保客户在服务过程中感到舒适、尊重和满足。当面对老人、儿童、残疾人、孕妇等特殊群体时，服务人员更应主动观察和询问，确保他们在接受服务时不会感到窘迫或不适。

（4）服务要以诚信为本。诚信是企业的无形资产，有利于企业树立良好的形象，为企业的长期发展奠定基础。服务人员也应诚恳待人，做到不做假、不欺骗、讲信誉、守承诺。

同步案例

湾仔码头手工水饺的成功

湾仔码头手工水饺的创始人臧健和女士靠着踏实的努力换来了成功。起初，摊位上包饺子、煮饺子、卖饺子的工作都由臧女士一人完成，但她并没有因为辛苦而放弃产品品质。随着饺子摊的名声逐渐传开，臧女士扩大规模，租店铺、开分店、建工厂，一步一个脚印地向前发展。

> 在湾仔码头手工水饺的发展过程中，臧女士一直严格把控配料和质量，确保每一份食材都符合高品质标准。同时，她还严格控制工艺，确保每一个环节都达到最佳状态。这种对品质的执着追求，使得即使是机器生产出的水饺，仍保持了手工水饺的鲜美味道，受到广大客户的青睐。

（5）服务要适度。服务人员应奉行中道原则，即注意服务的适度性，避免出现服务不够和服务过度两种极端情况。如果服务人员漫不经心、懒散傲慢、敷衍了事，客户可能会产生不被尊重的感觉；如果服务人员过于迎合客户，甚至卑躬屈膝，那么他们不仅难以赢得客户的信任，反而可能招致客户的厌恶。

（6）服务要崇尚团队分工与协作。恰到好处的团队分工与协作不仅可以提高服务效率，还能培养服务人员的责任感。但是，过度强调分工可能会导致服务质量大打折扣。因此，企业应恰到好处地进行团队分工，并注重团队成员之间的沟通与协作，确保为客户提供高质量的服务。

2. 服务技能的培训

企业应提供全面的服务技能培训，以提高服务人员的服务质量，从而提高客户对服务的满意度和忠诚度。例如，当企业推出服务新产品时，服务人员需要通过相应的技能培训，第一时间掌握服务新产品的特色、优势和使用方法，以便在客户咨询或购买时，提供准确、及时的信息和帮助。

一般来说，服务人员可以通过正式的教育或在职培训获得服务技能，也可以通过跟随经验丰富的老师或前辈学习获得服务技能，还可以通过与有经验的员工合作获得服务技能。

3. 沟通能力的培训

在服务行业，优秀的沟通能力是服务人员与客户建立良好关系的基础。因此，企业应提供与沟通能力相关的培训，确保服务人员以礼貌、关心他人、负责、热心的态度为客户提供服务。在培训服务人员的沟通能力时，企业可以与服务人员进行愉快的谈话，了解他们的想法和感受，鼓励他们分享经验和故事，也可以对服务人员进行适当的提问，引导他们思考和解决问题，锻炼他们的思维能力和表达能力。

以医患沟通为例，由于医护人员与患者掌握的检查、治疗等专业信息不对称，两者之间极易产生矛盾。因此，医院在提升医护人员专业知识和技能的同时，也要培训他们的沟通能力。一个平易近人、善于沟通的医护人员，不仅能够减少患者的误解和疑虑，还有助于患者更好地配合治疗。

（二）服务人员的授权

企业将权利授权给服务人员不仅是一种管理策略，更是一种激发团队活力和提升客户满意度的有效手段。

（1）授权可以使服务人员更快速地响应客户需求。在传统的服务模式中，服务人员往往需要向上级请示或等待决策，这不仅延长了服务时间，还可能错过满足客户需求的最佳时机。而当服务人员被授权后，他们可以在第一时间做出决策，迅速解决客户的问题，提高服务效率。

（2）授权可以培养服务人员的责任感和主动性。当服务人员意识到自己拥有一定的权利时，他们会更加珍惜这个机会，以更加负责的态度对待工作。同时，他们也会更加主动地寻找解决问题的方法，而不是被动地等待指示。这种责任感和主动性的提升能够使服务人员提供更加符合客户预期的服务。

（3）授权可以激发服务人员的创新精神。在面对不同的客户需求时，被授权的服务人员可以更加灵活地运用自己的知识和经验，提出创新性的解决方案。这种创新精神不仅有助于提升企业的服务水平，还可能为企业带来新的商业机会。

当然，在授权过程中，企业需要建立相应的监督机制，确保权利的合理使用。此外，企业应采取相关措施，如定期评估服务人员的行为、提供必要的培训和指导，确保服务人员在获得权利的同时，也能够承担起相应的责任和义务。

三、服务人员的激励

服务人员的流动和流失，不仅会影响企业的日常运营，还会导致客户满意度下降，进而影响企业的整体发展。因此，企业应通过适当的激励调动服务人员的积极性并留住优秀的服务人员。一般来说，服务人员的激励方式包括物质激励、精神激励和晋升激励。

（一）物质激励

物质激励是指企业通过满足服务人员的物质需求来激发其工作积极性、创造力和忠诚度的一种激励方式。物质激励主要是给予服务人员实际的物质利益，如薪金、奖金、奖品、福利等，来表彰他们的贡献。

例如，在用餐福利方面，某公司设置了食堂，提供丰富的饭菜品类和舒适的就餐环境。这种福利不仅满足了员工的基本饮食需求，还提升了员工的用餐体验，增强了员工的归属感和幸福感。

（二）精神激励

精神激励是指企业通过满足服务人员的精神需求来激发其工作积极性、创造力和忠诚度的一种激励方式。精神激励包括给予表扬、颁发奖状、授予称号、评定职称、表彰奖励等。例如，某快递公司通过开展“每月最佳快递员”计划，对杰出的快递员给予肯定。

与物质激励相比，精神激励更注重服务人员的内心感受、价值认同和情感归属。因

此，企业在实施精神激励时，需要根据服务人员的实际情况和需求，制订合适的激励策略，确保激励的效果最大化。

课堂讨论

某公司设置了合理化建议奖，即服务人员提交的合理化建议被采纳后，可得到不同程度的奖励。

这种做法有什么好处？请说说自己的想法，并与同学们讨论。

（三）晋升激励

晋升激励是指企业将服务人员从低一级职位提升到高一级职位的一种激励方式。一般来说，企业都会建立明确的晋升通道和职业发展规划，使服务人员看到自己在企业中的未来。同时，企业还会提供培训和发展机会，帮助服务人员提升各方面的能力，为他们的晋升创造条件。

例如，某大型酒店设置了一个不断更新的“人才银行”，并一直跟进这些人员的发展情况，然后定期和他们沟通，让他们清楚自己将来的晋升机会。

服务贴士

激励和约束是同一事物的两个方面，如果缺乏约束，激励就无法达到预期目的。因此，企业在激励服务人员的同时，还应适当监督、规范、约束他们的行为，确保自身的正常运营和长远发展。但是，企业不能强制约束服务人员的行为，而应取得服务人员的理解和支持，避免挫伤服务人员的积极性。

同步案例

海底捞对员工的激励方式

四川海底捞餐饮股份有限公司（以下简称“海底捞”）是一家经营火锅的餐饮民营企业。海底捞有一群积极向上的员工，他们提供的服务是海底捞的基础，也是海底捞独树一帜的原因。对于员工的激励，海底捞通常采取以下方式。

一、良好的晋升通道

海底捞为员工规划了清晰的职业发展路径。除了财务总监和技术总监两个职位会从外部引进人才，其余所有职位都是从基层一步步升上来的。同时，海底捞还设置了明确的晋升体系，从先进员工到标兵员工、劳模员工，再到功勋员工，让每位员工的努力都得到尊重与奖励。这充分满足了员工自我实现的需求和对美好未来的追求。

二、独特的考核制度

海底捞的业绩考核只占考核体系的一小部分，而工作激情、客户满意度、后备干部培养情况等方面是考核的重要部分。例如，海底捞会不定期对分店进行检查，观察员工的工作热情和服务效率。如果有员工没有达到要求，海底捞会同时追究员工及店长的责任。这既规范了店长的管理行为，又使得店长可以通过不同的措施激励员工。

三、多期股权激励计划

海底捞的优秀员工、骨干员工可以入股并享受分红。比起奖金、绩效，股权激励具有更长久和巨大的激励能量，可以同时激励拿到股权的员工和尚没有资格拿到股权的员工。

强化训练

知识检测

一、不定项选择题

1．服务人员的重要性主要体现在（　　）。

A．服务人员是服务的组成部分

B．服务人员是服务的主力营销者

C．服务人员是企业形象的代表

D．服务人员是服务的创造者

2．服务人员的基本素质要求包括（　　）。

A．诚信和责任心　　B．良好的心理素质

C．仪态端庄　　D．服务意识

3．（　　）是指企业通过满足服务人员的物质需求来激发其工作积极性、创造力和忠诚度的一种激励方式。

A．精神激励　　B．晋升激励　　C．物质激励　　D．环境激励

4．企业将权利授权给服务人员的好处不包括（　　）。

A．可以使服务人员更快速地响应客户的需求

B．可以培养服务人员的责任感和主动性

C．可以激发服务人员的创新精神

D．可以帮助管理人员更好地推卸责任

二、判断题

1．企业把决定客户利益的权利授权给服务人员即可，不需要建立相应的监督机制。（　　）

2．服务能力是指从事指定服务工作所必备的专业知识和技能，是做好服务工作的基本保证。（　　）

3．在服务过程中，服务人员要以客户及其需求作为行动导向，想客户之所想，急客户之所急，理解、关心、爱护和尊重客户。（　　）

4．服务人员属于企业的硬件部分，不需要与客户面对面接触。（　　）

5．激励和约束是同一事物的两个方面，如果缺乏约束，激励就无法达到预期目的。（　　）

三、简答题

1．简述服务人员的培训内容。

2．简述服务人员的激励方式。

案例分析

华为的薪酬与精神激励

华为技术有限公司（以下简称“华为”）不仅在物质激励方面下足了功夫，还对员工进行了恰当的精神激励。

在物质激励方面，华为主要采取薪酬激励和股权激励两种手段。对于薪酬，华为制订了价值分配制度，根据个人创造的价值确定其工资水平。当升到一定级别后，员工便有资格持有企业股权，长期获得增值收益，即获得股权激励。股权激励既可以调动员工的积极性，又可以为公司获取长远利益奠定基础。

在精神激励方面，华为成立了荣誉部，专门负责员工的考核、评奖。员工只要在工作中表现出色，就会获得相应的奖状或荣誉，同时获得晋升机会。这大大提升了员工的工作满意度和忠诚度，提高了企业整体的新活力与竞争力。

（资料来源：徐婷，《创业型中小企业员工激励机制的构建研究——基于华为、联想激励机制的经验分析》，《商场现代化》2021 年第 9 期）

结合所学知识回答以下问题：

华为的激励手段为什么能调动员工的积极性？

拓展实训

任务描述

以小组为单位，选择一项服务工作，如超市导购员、快递员、博物馆讲解员等，围绕所选服务工作收集相关资料，如企业类型、工作要求、工作时间等，然后结合所学知识完成以下任务。

（1）整理收集到的资料，了解所选服务工作的要求和内容，并作为服务人员参与具体的服务工作中。

（2）分析自己在服务环节中所担任的角色，以及该角色对客户服务和企业利润的影响，体验企业实施的服务人员管理策略，并撰写一份服务人员体验报告。

（3）派出一名代表在课堂上展示本组的服务人员体验报告。

任务分配

全班学生以 6～8 人为一组进行分组，各组选出组长并进行任务分工，然后将小组成员及分工情况填入表 6-1 中。

表 6-1　小组成员及分工情况

班级		组号		指导教师	
任务内容					
小组成员	姓名	学号	任务分工		
组长					
组员					

任务实施

将实训任务的具体完成情况记录在表 6-2 中。

表 6-2　实训任务完成情况记录表

时间和任务安排	实施步骤
	1．拆解任务，认识任务中的重点和难点，包括：
	2．确定本组选择的服务工作和信息检索方法，记录本组收集的相关资料，包括：
	3．整理收集到的资料，了解所选服务人员的工作要求和工作内容，包括：
	4．参与具体的服务工作，分析自己在服务环节中所担任的角色，以及该角色对客户服务和企业利润的影响，包括：
	5．体验企业实施的服务人员管理策略，结合所学知识分析服务人员管理策略的优缺点，包括：
	6．针对存在的问题提出合理的建议和改进措施，并撰写一份服务人员体验报告，包括：
	7．开展内容研讨会，进一步优化服务人员体验报告，包括：
	8．各小组代表在全班同学面前分享本组的服务人员体验报告，教师和其他小组成员可以提问或发表意见，包括：

学习成果评价

指导教师可以根据学生的课堂表现、实际学习成果和任务完成情况对其进行评价。学生配合指导教师共同完成学习成果评价表（见表 6-3）。

表 6-3　学习成果评价表

班级		组号		日期	
姓名		学号		指导教师	
学习成果					
评价维度	评价指标	评价标准	分值	评价分数	
				自评	师评
素养评价 20%	学习态度	刻苦认真，勇于钻研	5		
	纪律意识	遵守课堂纪律，认真完成课堂作业与课后作业	5		
	互动意识	积极发言，完成课堂互动	5		
	团队精神	尊师爱友，积极合作，团结奋进	5		
知识评价 20%	基础知识	了解服务人员的重要性、构成和素质要求	3		
		熟悉服务人员的招聘要求与培训内容	4		
		掌握服务人员的激励方式	3		
	应用知识	能够根据企业的实际情况招聘和培训服务人员	5		
		能够根据服务人员的发展情况选择合适的激励方式	5		
能力评价 30%	检索能力	熟练应用多种信息检索方法	5		
	实践能力	对所选服务了解透彻，分析深入	10		
	探索创新能力	在实践过程中有新的想法或思路，有自主探究学习的意识	15		
成果评价 30%	时间观念	按时完成实训任务	5		
	服务人员 体验报告	清晰流畅、重点突出、详略得当	15		
		正确分析企业的服务人员管理策略，并针对问题提出可行性建议或措施	10		
合计			100		
总评	自评（30%）+师评（70%）=		教师（签名）：		

项目七

创造服务有形展示，诠释服务之美

项目导读

服务有形展示是服务营销的特色内容。通过服务有形展示，企业不仅可以更好地展示服务的特色和优势，还可以传达自身的服务理念和企业文化，从而提升服务价值和品牌形象，进而吸引更多的客户并建立长期的客户关系。

素养目标

（1）关注细节，具有一定的审美能力。

（2）培养整理和呈现信息的能力。

知识目标

（1）了解服务有形展示的作用和分类。

（2）熟悉服务场景设计的重点。

（3）掌握服务场景设计的内容和技巧。

技能目标

（1）能够根据实际情况确定不同服务有形展示的要素。

（2）能够根据实际情况设计合适的服务场景。

开篇案例

大兴机场的有形展示

北京大兴国际机场（以下简称“大兴机场”）是4F级国际机场、世界级航空枢纽、国家发展新动力源，已成为十分耀眼的中国品牌之一。大兴机场通过硬核科技、中国元素、美学艺术，提升了机场的整体品质，不仅为旅客提供了舒适、便捷、具有文化底蕴的乘机体验，还激发了旅客对中国文化与科技的认同感和自豪感。

一、智能场景：展现未来科技灵感

大兴机场作为未来机场发展的典型示范，利用新一代信息技术，为旅客提供了免排队、免搬箱、免过机、零等待的优质体验。

（1）人脸识别技术。人脸识别技术的运用，让旅客在值机、安检、登机、离境退税、免税购物等活动中能够“一脸通关”，大大提高了出行效率。

（2）智慧行李系统。电子行李牌的运用为旅客提供了更加安全、高效和便捷的行李服务，方便旅客全程跟踪行李流程，实时掌握行李位置。

（3）智能停车库。智能停车库具有车位数量多、空间利用率高、停车安全、节能环保等优点，极大提升了旅客在机场停车的效率和体验。

二、艺术宫殿：融合中国传统文化精髓

大兴机场的建筑设计以强大的视觉冲击力，为旅客带来了一场耳目一新的视觉盛宴。例如，位于茶园的作品《禅境》，以中国的茶文化为灵感，通过不锈钢古茶树映射水面虚实空间，体现了虚实有无的禅意，将茶文化优雅尚美的气质展现得淋漓尽致。

（资料来源：于晓，《“共和国超级工程”北京大兴国际机场：创造新奇迹 见证新发展》，中国新闻网，2021年4月30日）

问题思考：大兴机场的有形展示表现了哪些智能场景和中国元素？

任务一 服务有形展示

一、服务有形展示的作用

在现代服务业中，服务有形展示不仅可以传递服务信息，还可以影响客户对服务质量的期望和判断。具体来说，服务有形展示的作用主要表现在以下几个方面。

（一）有助于形成良好的第一印象

服务有形展示是客户获得第一印象的基础，其成功与否直接影响客户对企业第一印象的好坏。一般来说，客户在购买服务前，往往会根据对企业的第一印象来判断服务质量，并据此做出购买决策。

例如，客户初次光顾某家餐馆时，首先会根据外部装潢、招牌等对餐馆产生初步印象。如果印象好的话，客户会径直走进去，然后根据餐馆内部的装修、桌面整洁程度、服务人员的仪表等来决定是否在此用餐。如果餐厅环境污浊、服务人员穿着邋遢且不修边幅，客户可能会认为这样的环境无法提供高质量的用餐服务，进而选择离开。

（二）有助于唤起客户的服务需求

与有形产品一样，客户在购买服务时，也希望获得愉悦的感官体验。因此，企业应通过服务有形展示来刺激客户的感官，帮助客户感受无形服务带来的利益，进而唤起客户对服务的需求。例如，旅行社通过展示定制化的旅游线路、特色住宿、独家活动等，突出自身的特色与实力，激起人们旅游的欲望。

（三）有助于提高客户的服务感知

客户会根据有形展示的各种要素，如服务环境、服务设施、服务人员等，来评估服务质量。因此，企业应强化服务的有形展示，通过优化服务环境、提升服务人员的素质和能力等方式，为客户创造良好的服务氛围，增强客户对服务质量的感知。

例如，某海底餐厅（见图 7-1）采用高档材料制成透明墙，同时将美丽的珊瑚和鲜活的海洋动物融入就餐环境中。这种设计成功地将美食、美景和环保理念融为一体，为客户创造了独特且难忘的就餐体验。

图 7-1　海底餐厅

（四）有助于引导客户的服务期望

客户对服务是否满意，取决于服务带来的利益是否符合其期望。在接受服务之前，客户往往会根据企业的宣传、口碑等，来理解和评价服务。但是，由于信息不足或存在误解，客户容易对服务产生不切实际的期望，从而在实际的服务过程中产生不满或失望。因此，企业应设置恰当的服务有形展示，帮助客户了解服务的特色和优势，引导客户形成合理的期望，避免期望过高或过低对服务体验造成负面影响。

例如，某酒店剔除了过多的豪华装饰及娱乐设施，只提供标准化的基本设施，如空调、电视、电话、磁卡门锁、床具、家具、独立卫生间、24 小时热水等。这种策略不仅节约了该酒店的投资成本，还使该酒店凭借标准化、干净、温馨、舒适、贴心的住宿环境，为不同客户提供符合期望的高质量住宿体验，传递着“适度生活，自然自在”的简约生活理念。

服务贴士

由于服务的无形性，服务人员在了解、介绍服务信息时可能会存在一定的困难。因此，企业可以利用服务有形展示培训服务人员的技能并指导他们的行为，从而为客户提供更加一致、高效和优质的服务体验。

二、服务有形展示的分类

（一）按服务有形展示能否被客户所拥有分

根据其能否被客户所拥有，服务有形展示可分为核心展示和边缘展示。

1. 核心展示

核心展示是指客户在服务过程中不能实际拥有，但对自身的购买决策起决定性作用的展示，如航班的机型、电影院的环境和音响、酒店的星级等。在日常生活中，客户首次接触某项服务时，通常会依据其核心展示来判断服务的优劣，进而做出购买决策。

2. 边缘展示

边缘展示是指客户在服务过程中能够实际拥有的展示。这类展示几乎没有独立价值，如飞机票、电影票、酒店的价目单等，只是客户接受服务的一种凭证。但是，这类展示可以增强客户的服务感知，保证服务的顺利提供，进一步满足客户的需求和期望。

服务贴士

这种分类方法主要侧重于服务有形展示的物质和环境方面，忽略了服务人员这个重要因素，也没有清楚地界定不同行业服务有形展示的特点和范围。

（二）按服务有形展示的构成要素分

根据其构成要素，服务有形展示可分为服务场景展示、服务信息展示、服务价格展示和服务人员展示。

1. 服务场景展示

服务场景展示是基于实体环境的有形展示，主要包括环境要素、设计要素和社交要素。

（1）环境要素。

环境要素是服务场景展示的必要组成部分，包括温度、湿度、通风、气味、声音、色调、清洁度、有序性等。一般来说，环境要素可能不会立即引起客户的注意，但其对塑造客户的整体服务体验起着至关重要的作用。如果企业忽视了这些要素，或者它们未能达到客户的期望和要求，客户会感到不适和失望。例如，对于环境嘈杂、脏乱的酒店，客户会避而远之。

（2）设计要素。

设计要素是指能够刺激客户视觉的因素，它主要用于改善服务的包装，以突出服务的特色和优势。例如，企业通过精心设计的服务场所空间、内部结构布置、企业标识等，可以创造出有形的、赏心悦目的形象，从而增强客户对服务的信任和好感。同时，良好的设计还可以激发客户的购买欲望，增加企业的利润。

成功的服务场景展示案例

（3）社交要素。

社交要素是指服务场景中所有参与和影响服务过程的人，包括客户、服务人员及其他在服务场景出现的各类人士。在服务过程中，服务人员的形象与技能、客户的人数、服务人员与客户的互动都会影响客户的服务感知，从而影响客户的购买决策。

2. 服务信息展示

服务信息展示是基于信息沟通的有形展示，它可以通过多种媒体传播服务信息，并在引人注意的地方展示服务，增强客户对服务的信任和好感。例如，医院会在大厅、走廊等公共区域设置数字显示屏或公告板，展示主要科室及其特色、先进技术及仪器、知名专家及其特长等信息，让患者和家属快速了解医院的实力和重点科室。

一般来说，服务信息展示主要涉及服务有形化和信息有形化两个方面。

（1）服务有形化。

服务有形化强调与服务相联系的有形物，如实物、数字、文字、音像、实景等，使无形的服务有形化。这种有形化可以帮助客户更直观地了解服务内容，提升服务感知。例如，某汉堡店将汉堡放在表面印有游戏、迷宫等图案的包装盒里，推出“儿童快乐餐”，有效地将目标客户的娱乐需求和饮食需求联系起来，从而提升客户满意度。

（2）信息有形化。

信息有形化强调通过有效的宣传与沟通，将服务信息以更加具体、生动的方式呈现给客户。企业可以利用宣传册、社交媒体等，将服务的特色、优势、价格等信息传递给潜在客户。同时，通过服务承诺、客户评价等方式，企业可以减少潜在客户的购买风险，提升他们对服务的信任和认可。例如，一些网络商家会公开展示客户的评价和反馈，让潜在客户更加直观地了解服务的优劣。

需要注意的是，不同形式的信息沟通可能存在一些误差或不足，但它们仍在不同程度上展示着服务，影响着企业的品牌形象。

3．服务价格展示

虽然服务价格是无形的，但它是一种重要的服务有形展示手段。一般来说，客户会根据服务价格判断服务水平和服务质量，即高质量的服务往往伴随着相对较高的价格。服务价格如果过于低廉，不仅会使客户怀疑服务质量，还可能导致企业所提供的服务价值在客户心中被暗中贬低；服务价格如果过于高昂，会使客户怀疑其对服务价值的预期，担心企业存在“宰客”现象。

因此，企业应利用服务价格展示，如卖场的特价显示、宾馆的价格牌、网购价格等，来增强客户的服务感知。这不仅有助于向客户传递准确的服务价值信息，树立良好的企业形象，还有助于企业获得稳定的收益。

4．服务人员展示

服务人员的年龄、性别、身高、着装、仪表仪态、精神风貌、行事风格等，都属于服务人员展示的范畴。在客户心目中，服务人员与企业是一体的，他们往往代表着企业的形象。如果服务人员充满活力、落落大方、训练有素，客户会相信他们能够提供优质的服务；如果服务人员精神倦怠、头发杂乱、衣衫不整，客户会质疑他们的服务水平和企业的管理能力。

因此，企业可以对服务人员进行职业化包装，打造出具有专业素养和独特精神风貌的服务团队，实现差异化营销，以赢得竞争优势。例如，在接待商务客户时，企业可以选择经验丰富、气质优雅的服务人员；在接待年轻客户时，企业可以选择更具活力、亲和力的服务人员。

同步案例

美团外卖的服务展示

美团外卖是美团科技有限公司旗下的网上订餐平台，有其专有的服务展示，具体表现在以下几个方面。

一、口号

美团外卖以“美团外卖，送啥都快”为口号，并将其印在配送员的工作服上，

巧妙地将品牌的核心价值——快速准时性与品类广泛性传递给广大消费者，从而增强消费者对美团外卖的信心。

二、图标

美团外卖选择袋鼠作为品牌图标，展示外卖服务与袋鼠一样灵活且迅速。同时，美团外卖以袋鼠身上的育儿袋来比喻外卖服务的送货环节，展示他们对待每一份外卖都如同对待孩子般小心翼翼。

三、主色调

美团外卖 App 选择明亮温暖的黄色为主色调，不仅提升了品牌的辨识度，还通过色彩心理效应促进了消费者的食欲和消费欲望。

四、人员着装

美团外卖对与商家、消费者有直接接触的骑手有统一的着装要求。黄色的骑手服配上黄色的头盔，形成了鲜明的品牌形象，使得骑手在街头巷尾穿梭时，能够轻松被消费者识别。

任务二　服务场景的设计

服务有形展示的重点是服务场景的设计，好的服务场景设计可以彰显企业的特色。在高度竞争和无差异化的服务市场中，通过精心设计和不断创新服务场景，企业可以塑造独特的品牌形象，凸显个性，从而吸引并留住客户，进而在激烈的市场竞争中获得优势并走向成功。

一、服务场景设计的重点

（一）方向指引性

一个优秀的服务场景可以清晰地指引客户，帮助他们快速、准确地找到所需要的服务区域或设施。例如，企业在服务场景中张贴服务宣传海报，不仅能够美化环境，还能够让客户对服务产生更清晰的理解。

（二）服务设施的水准

对于客户而言，服务设施的水准是他们评价服务质量的重要依据。例如，在餐厅，整洁的桌椅、明亮的灯光、舒适的温度、快速响应的点餐系统等，都能增强客户的服务感知。

对于服务人员而言，高效的服务设施能够简化工作流程，减少服务过程中不必要的麻烦和困扰，从而提高工作效率。例如，在零售店，便捷的收银系统、充足的库存、清晰的商品陈列等，都能帮助服务人员快速完成交易，减少客户的等待时间，提升店铺的整体运营效率。

（三）服务场景的个性化

任何企业都不可能满足所有客户的所有需求。因此，企业可以创造个性化的服务场景，以吸引某一固定类型的客户，从而在激烈的市场竞争中脱颖而出，形成差异化的竞争优势。例如，某咖啡店巧妙地利用绿色植物、木质装饰、柔和的灯光等，打造出一种温馨、自然的氛围。

（四）客户的停留时间

通风不畅、卫生条件差、燥热等服务场景无疑会给客户带来不舒适甚至不愉快的体验，从而缩短他们的停留时间，甚至可能导致客户选择不再光顾。反之，如果客户在服务场景中的停留时间较长，则表明他们对环境感到满意。这种良好的体验会增加客户对服务的信任和好感。因此，企业应努力设计一个舒适、宜人，具有吸引力的服务场景，以延长客户的停留时间，提高客户的满意度和购买意愿。

（五）服务人员的感受

客户可能只在服务场景中待一段时间，而服务人员需要长时间待在服务场景中，所以服务场景会对服务人员的情绪、行为、积极性等产生重大影响。例如，长时间在昏暗的灯光下工作，服务人员会产生压抑的情绪，从而降低工作的积极性和服务质量。因此，企业在设计服务场景时，需要兼顾服务人员的感受和需求，为他们打造一个舒适、愉悦的工作环境。

二、服务场景设计的内容和技巧

不同的客户具有不同的偏好和对服务场景的认知。因此，企业应深入了解目标客户的需求，并据此来设计服务场景，从而达到令人满意的展示效果。

（一）有形物的设计

有形物的设计实质就是服务的包装。它是服务质量的直接构成要素，可以传递服务信息、构成品牌联想。通过有形物的设计与管理，企业可以增强客户对服务的认知和期待，从而为客户的购买决策提供有用的参考线索。

1. 外部属性

外部属性最明显的就是建筑物。建筑物不仅是服务的载体，更是服务场景的重要组

成部分。建筑物的具体结构及其相关元素，如建筑物的规模、造型、使用的材料、所在的位置、与邻近建筑物的比较等，不仅影响着建筑物的外观和功能，还关系到客户对服务的认知和期待。

例如，大规模的建筑物往往给人一种实力雄厚的印象，这有助于提升客户对服务的信任和好感。相比之下，小规模的建筑物可能会给人一种亲切、温馨的感觉，但也可能让客户对其服务能力产生疑虑。

一般来说，建筑物的风格设计需要与服务的性质和定位相匹配，同时考虑企业形象和目标客户的偏好。例如，高端酒店的建筑设计可能是经典、优雅的风格，以体现其品质；咖啡馆的建筑设计可能是现代且富有艺术感的风格，以吸引年轻和追求个性的客户。

2. 内部属性

内部属性一般体现在服务场景的场地设计、空间布局、内部装饰上。

（1）场地设计。

场地设计是对服务场所内的区域、道路等进行战略性设计，旨在通过严谨、独特的规划，突出企业的服务宗旨和服务特色。例如，某商城按功能将内部分为用餐区、休息区、娱乐区等区域，以满足不同的客户需求。

（2）空间布局。

合理的空间布局能够引导客户顺畅地浏览、选择和体验服务，同时营造出舒适、宽敞或私密等不同的空间感受。例如，在餐厅，宽敞的座位间距和舒适的用餐环境能够让客户在品尝美食的同时享受愉悦的社交时光；在艺术中心，开阔的展览空间和合理的展品布局能够吸引客户驻足欣赏，深入感受艺术的魅力。

（3）内部装饰。

恰到好处的内部装饰能够加强客户的好感。例如，某酒店的客房以淡粉色和淡黄色为主色调，营造出一种温馨、宁静的氛围，让客户感受到了家的温暖和舒适；墙面点缀了多种风格的艺术画，增添了房间的艺术气息；地毯颜色与房间相协调，在视觉上形成了统一的整体，增强了空间的层次感；小巧的高圆桌替代了传统的写字台和茶几，既节省了空间，又方便了客户；木质的床头柜简洁干净，既实用又美观，为客户提供了便捷的储物空间。

（二）服务氛围的设计

服务氛围是在服务场景中形成的一种特殊的气氛和情调。优雅、舒适、轻松、愉快的氛围可以吸引客户，提高客户满意度。一般来说，企业可以利用色彩、灯光、气味、声音、触感等因素，为客户营造出宾至如归、温馨舒适的服务氛围。

1. 色彩

作为视觉的第一要素，色彩具有直观而强烈的感染力。在服务场景中，不同的色彩可以传达出不同的情感和信息，引导客户产生不同的情绪反应。例如，医院将病房的主题色由传统的白色改为淡绿色，有效缓解了患者紧张和焦虑的情绪。

通过调整明度和纯度，色彩可以形成不同的色调，从而营造出不同的服务氛围和风格。例如，红色、橙色和黄色等暖色调能够激发人的活力和热情，主要适用于餐饮、娱乐等需要营造热烈氛围的服务场所；蓝色、绿色等冷色调能够带来平静、安宁的感觉，主要适用于瑜伽馆、图书馆等需要放松和沉思的服务场所。

知识视窗

不同颜色在服务场景中的应用

不同颜色都能以其独特的属性和情感内涵为服务场景营造不同氛围，从而满足不同客户的需求和预期。

（1）红色。红色是最容易引人注意的颜色，代表着热情、活力、激情和勇气。在服务场景中，红色可以传达不同的信息和情感。例如，在餐厅，红色的装饰可以激发食欲，增加客户用餐的愉悦感；在商场或酒店，红色的紧急出口标识或消防设备标识可以帮助客户在紧急情况下迅速找到安全出口或采取应对措施。

（2）橙色。橙色代表着积极、快乐、温馨和活力。在服务场景中，橙色可以为客户带来温馨舒适的感觉。例如，在酒店的大堂或休息区，橙色的沙发或地毯可以营造出宾至如归的氛围，让客户感受到家的温暖。

（3）黄色。黄色代表着希望、美丽、智慧和光明。在服务场景中，黄色可以用于提升空间的明亮度和宽敞感。例如，在图书馆或办公室等需要长时间停留的场所，黄色的灯光和装饰可以缓解视觉疲劳，提高工作或学习效率。

（4）绿色。绿色代表着自然、健康、和平和安宁。在服务场景中，绿色可以用于营造清新、自然的氛围。例如，在按摩馆，绿色的植物和装饰可以让客户感到宁静和安心。

（5）蓝色。蓝色代表着冷静、理智、信任和忠诚。在服务场景中，蓝色可以为客户带来信任感和安全感。例如，在银行或律师事务所等需要建立专业信任的场所，蓝色的装饰和标识可以传达出专业、可靠的形象。

2. 灯光

在服务场景中，灯光不仅影响客户的视觉体验，还关系到客户的情绪感知。过亮的灯光会使客户感到刺眼、难受，进而想快速离开；过暗的灯光则会影响客户的服务体验，甚至产生不安全感。因此，企业应根据服务定位、客户需求、自身理念等设置合适的灯光。例如，餐厅可以设置柔和的灯光，突出菜品的色彩和质感，提升客户的食欲；展览馆可以设置明亮的灯光，突出展览品的色彩和细节，提升客户的视觉体验。

3. 气味

在服务场景中，气味影响着服务氛围和服务形象，进一步影响着客户的体验和购买行为。因此，企业设计气味时应充分考虑目标客户的心理需求、环境特点等因素，确保所选用的香味与服务的定位和风格相匹配，从而提升客户的服务体验。例如，在咖啡店，浓郁的咖啡香气与舒适的座椅、柔和的灯光相结合，共同营造出一个温馨、惬意的休闲空间，让客户愿意在这里长时间停留。

4. 声音

在服务场景中，声音能够营造氛围、传递信息，并影响客户的感知和情绪。一般来说，声音设计需要综合考虑风格、音量、时长等因素。

（1）风格。声音的风格应根据服务定位和目标客户来确定。例如，在咖啡厅，轻柔的爵士乐或钢琴曲可以营造出轻松、浪漫的氛围；在健身房，动感的流行音乐可以激发客户的活力和运动热情。

（2）音量。适宜的音量可以使客户感到舒适。例如，在安静的阅读区或休息区，音量应控制在较低的水平；在热闹的餐厅或酒吧，音量可以适当提高，营造出热闹、欢快的氛围。需要注意的是，企业一定要避免过高的音量或噪声，以免惊吓到客户或影响他们的心情。

（3）时长。长时间的同一音乐或声音可能会使客户感到单调乏味，因此，企业在设计声音时，可以切换和组合不同风格和节奏的音乐或声音元素，并通过合理的时长安排，使客户在服务过程中能够保持新鲜感和愉悦感。

知识视窗

隔音设计

在服务行业中，很多服务场所都需要进行隔音设计。首先，隔音设计，如使用隔音棉、铺设厚地毯等，可以减少外界噪声的干扰，营造出一种安静的氛围，同时提高场所内的声音清晰度。其次，隔音设计有助于保护客户的隐私，避免他们之间的谈话被听到。

因此，企业可以将服务场所合理分区，根据不同区域的功能和需求，设置不同的声音环境和音量水平，以营造出更加舒适、和谐的服务氛围。

5. 触感

在服务场景中，触感是指客户在体验服务时所感受到的与物品接触相关的各种刺激和反馈。良好的触感设计能够增强客户的舒适度和满意度，进而提升服务品质。例如，餐厅可以提供柔软的餐巾、质地柔软的座椅等，让客户在用餐时感受到更加舒适和愉悦；SPA馆可以使用舒适的按摩工具、柔软的按摩床等，让客户在享受服务时感受到身心的放松。

课堂讨论

某餐馆的场景设计要素如下。

（1）适当的地点：餐厅开在接近目标客户的地区。

（2）环境卫生状况：招牌整齐清洁，宣传文字字迹清楚，盆景修剪整齐，座椅、餐桌、陈列台、厨房、备餐间及洗手间等干净、整洁。

（3）餐厅的气氛：装饰明快、布局合理、灯光舒适、色调柔和。

该餐馆的服务场景设计是否合适？请说说自己的想法，并与同学们讨论。

强化训练

知识检测

一、不定项选择题

1．服务有形展示的作用主要表现在（　　）。

A．有助于形成良好的第一印象

B．有助于唤起客户的服务需求

C．有助于提高客户的服务感知

D．有助于引导客户的服务期望

2．下列选项中，不属于服务有形展示的是（　　）。

A．服务场景展示　　B．服务渠道展示

C．服务信息展示　　D．服务人员展示

3．（　　）可以通过多种媒体传播企业信息，并在引人注意的地方展示服务，增强客户对服务的信任和好感。

A．服务信息展示　　B．服务场景展示

C．服务价格展示　　D．服务人员展示

4．服务场景展示的要素包括（　　）。

A．口碑要素　　B．设计要素

C．环境要素　　D．社交要素

5．服务氛围的设计应考虑（　　）。

A．色彩　　B．灯光　　C．气味　　D．声音

6.（　　）是指客户在服务过程中能够实际拥有的展示。

A．核心展示　　B．有形展示

C．背景展示　　D．边缘展示

二、判断题

1．在接受服务之前，客户一般不会产生不切实际的期望。（　　）

2．与有形产品一样，客户在购买服务时，也希望获得愉悦的感官体验。（　　）

3．服务人员的形象不会影响客户的服务感知。（　　）

4．企业在设计服务场景时，需要兼顾服务人员的感受和需求，为他们打造一个舒适、愉悦的工作环境。（　　）

5．企业可以利用色彩、灯光、气味、声音、触感等因素，为客户营造出宾至如归、温馨舒适的服务氛围。（　　）

三、简答题

1．简述服务有形展示的分类。

2．简述服务场景设计的重点。

案例分析

Y 餐饮店的服务

Y 餐饮店的装潢设计巧妙融合了情调与欢乐的元素，为客人提供了一个既温馨又有趣的用餐环境。昏黄的灯光和抽象的油画相结合，营造出朦胧而神秘的氛围，让客人在品味美食的同时欣赏油画艺术。此外，Y 餐饮店还在店内设置了各种游戏项目，为客人提供了更多的娱乐选择。无论是独自品尝咖啡，还是和朋友们一起享受下午茶时光，客人都能在这些有趣的元素中找到乐趣，增添用餐的欢乐氛围。

值得一提的是，Y 餐饮店采用距离式服务。也就是说，服务人员会与客人保持一定的距离，让客人享受到更自由、更舒适的就餐体验。同时，Y 餐饮店要求服务人员通过观察客人的眼神、表情和动作等，来捕捉客人的需要和期待，以适时地提供贴心、周到的服务。

结合所学知识回答以下问题：

Y 餐饮店的服务场景设计对于服务价值创造有什么帮助？

拓展实训

任务描述

以小组为单位，选择一项当地市场上的服务场景，如咖啡店、教育培训机构等，围绕所选服务场景进行实地调研，并收集相关资料，然后结合所学知识完成以下任务。

（1）整理收集到的相关资料，了解服务场景中所包含的有形展示，分析服务有形展示的优缺点。

（2）尝试优化服务场景中现有的有形展示，使其更好地吸引客户前来消费。

（3）组织内容研讨会，集中大家的意见，制作一份关于优化服务场景的演示文稿，然后派出一名代表在课堂上进行汇报。

任务分配

全班学生以 6～8 人为一组进行分组，各组选出组长并进行任务分工，然后将小组成员及分工情况填入表 7-1 中。

表 7-1　小组成员及分工情况

<table>
<tr><td>班级</td><td></td><td>组号</td><td></td><td>指导教师</td><td></td></tr>
<tr><td>任务内容</td><td colspan="5"></td></tr>
<tr><td>小组成员</td><td>姓名</td><td>学号</td><td colspan="3">任务分工</td></tr>
<tr><td>组长</td><td></td><td></td><td colspan="3"></td></tr>
<tr><td rowspan="7">组员</td><td></td><td></td><td colspan="3"></td></tr>
<tr><td></td><td></td><td colspan="3"></td></tr>
<tr><td></td><td></td><td colspan="3"></td></tr>
<tr><td></td><td></td><td colspan="3"></td></tr>
<tr><td></td><td></td><td colspan="3"></td></tr>
<tr><td></td><td></td><td colspan="3"></td></tr>
<tr><td></td><td></td><td colspan="3"></td></tr>
</table>

任务实施

将实训任务的具体完成情况记录在表 7-2 中。

表 7-2　实训任务完成情况记录表

时间和任务安排	实施步骤
	1. 拆解任务，认识任务中的重点和难点，包括：
	2. 确定本组选择的服务场景和实地调研方法，记录本组收集的相关资料，包括：
	3. 整理收集到的相关资料，了解服务场景中所包含的有形展示，包括：
	4. 分析服务有形展示的优缺点，说明服务有形展示的个性化特点，包括：
	5. 针对所选服务的特点，结合所学知识，优化服务场景中现有的有形展示，提出合理性的建议，包括：
	6. 组织内容研讨会，集中大家的意见，总结重点内容，包括：
	7. 制作演示文稿，进一步讨论并改进，包括：
	8. 各小组代表在全班同学面前进行展示，教师和其他小组成员可以提问或发表意见，包括：

学习成果评价

指导教师可以根据学生的课堂表现、实际学习成果和任务完成情况对其进行评价。学生配合指导教师共同完成学习成果评价表（见表 7-3）。

表 7-3　学习成果评价表

<table>
<tr><td>班级</td><td></td><td>组号</td><td colspan="2"></td><td colspan="2">日期</td><td></td></tr>
<tr><td>姓名</td><td></td><td>学号</td><td colspan="2"></td><td colspan="2">指导教师</td><td></td></tr>
<tr><td>学习成果</td><td colspan="7"></td></tr>
<tr><td rowspan="2">评价维度</td><td rowspan="2">评价指标</td><td rowspan="2" colspan="2">评价标准</td><td rowspan="2">分值</td><td colspan="3">评价分数</td></tr>
<tr><td>自评</td><td colspan="2">师评</td></tr>
<tr><td rowspan="4">素养评价
20%</td><td>学习态度</td><td colspan="2">刻苦认真，勇于钻研</td><td>5</td><td></td><td colspan="2"></td></tr>
<tr><td>纪律意识</td><td colspan="2">遵守课堂纪律，认真完成课堂作业与课后作业</td><td>5</td><td></td><td colspan="2"></td></tr>
<tr><td>互动意识</td><td colspan="2">积极发言，完成课堂互动</td><td>5</td><td></td><td colspan="2"></td></tr>
<tr><td>团队精神</td><td colspan="2">尊师爱友，积极合作，团结奋进</td><td>5</td><td></td><td colspan="2"></td></tr>
<tr><td rowspan="5">知识评价
20%</td><td rowspan="3">基础知识</td><td colspan="2">了解服务有形展示的作用和分类</td><td>3</td><td></td><td colspan="2"></td></tr>
<tr><td colspan="2">熟悉服务场景设计的重点</td><td>3</td><td></td><td colspan="2"></td></tr>
<tr><td colspan="2">掌握服务场景设计的内容和技巧</td><td>4</td><td></td><td colspan="2"></td></tr>
<tr><td rowspan="2">应用知识</td><td colspan="2">能够根据实际情况确定不同服务有形展示的要素</td><td>5</td><td></td><td colspan="2"></td></tr>
<tr><td colspan="2">能够根据实际情况设计合适的服务场景</td><td>5</td><td></td><td colspan="2"></td></tr>
<tr><td rowspan="3">能力评价
30%</td><td>检索能力</td><td colspan="2">熟练应用多种信息检索方法</td><td>5</td><td></td><td colspan="2"></td></tr>
<tr><td>实践能力</td><td colspan="2">对所选服务场景了解透彻，分析深入</td><td>10</td><td></td><td colspan="2"></td></tr>
<tr><td>探索创新能力</td><td colspan="2">在实践过程中有新的想法或思路，有自主探究学习的意识</td><td>15</td><td></td><td colspan="2"></td></tr>
<tr><td rowspan="3">成果评价
30%</td><td>时间观念</td><td colspan="2">按时完成实训任务</td><td>5</td><td></td><td colspan="2"></td></tr>
<tr><td rowspan="2">演示文稿</td><td colspan="2">清晰流畅、重点突出、详略得当</td><td>10</td><td></td><td colspan="2"></td></tr>
<tr><td colspan="2">正确分析服务场景中的有形展示，并针对问题提出可行性建议或措施</td><td>15</td><td></td><td colspan="2"></td></tr>
<tr><td colspan="4">合计</td><td>100</td><td></td><td colspan="2"></td></tr>
<tr><td>总评</td><td colspan="3">自评（30%）+师评（70%）=</td><td colspan="4">教师（签名）：</td></tr>
</table>

项目八

注重服务过程管理，掌控服务全局

项目导读

服务需要持续一段时间，具有强烈的过程性。在服务过程中，任何一个环节出现差错，都会对服务质量和客户感知造成负面影响，甚至功亏一篑。因此，企业应设计顺畅、合理的服务流程，有效提高服务质量，以最大程度地满足客户需求。

素养目标

（1）具有察言观色的能力。

（2）培养大局意识，提升统筹管理能力。

知识目标

（1）了解服务过程的特征和分类，熟悉服务过程中的互动和接触。

（2）熟悉服务蓝图的构成，掌握服务蓝图的绘制步骤。

技能目标

（1）能够与客户进行友好的互动。

（2）能够根据实际情况绘制合理的服务蓝图。

（3）能够发现服务流程中的问题，并进行服务流程再造。

开篇案例

有张流程图就是不一样

K 体检中心每年 11 月下旬都会承接某学校 2 000 多名教职工的体检工作，面临着因教职工人数众多及其他单位体检安排导致的拥挤问题。同时，K 体检中心的内部没有太明显的引导标志，导致体检人员很难找到不同体检室的具体位置。为了优化体检流程，提高体检服务质量，K 体检中心采取了一系列改进措施。

（1）针对体检人数众多的问题，K 体检中心合理安排了不同学校和单位的体检时间段，分散了体检人员的体检时间，避免人员过于集中。同时，K 体检中心还增加了体检设备和人手，提高了体检效率，减少了体检人员的等待时间。

（2）针对体检室位置难找的问题，K 体检中心在大厅设置了一个显著的招牌，让体检人员能够迅速找到各体检室的具体位置。更为重要的是，K 体检中心还在大厅设置了一张简洁的体检流程图。这张流程图采用大字体设计，一目了然。

第一步：取表	地点：服务台
	材料：身份证
第二步：抽血	地点：某楼某室
	要求：空腹
	时间：7:30—9:30（上午）
第三步：吃早餐	地点：某楼某室
第四步：彩超	地点：某楼某室（男）
	某楼某室（女）
…………	
第 N 步：交表	地点：服务台
	要求：签字

有了这张体检流程图，K 体检中心来回穿梭的人少了，神色紧张的人少了，体检人员都变得从容、淡定，秩序井然，体检效率也提高了。

问题思考：是什么使得原来乱哄哄的体检中心变得秩序井然？

任务一　服务过程

一、服务过程的特征和分类

（一）服务过程的特征

服务过程涵盖了从服务开始到结束的所有活动、任务和环节，强调的是服务的整体性和连贯性，以及企业与客户之间的交互和合作。一般来说，服务过程具有以下几个特征。

（1）过程性。服务不是单纯的实物，而是由一系列活动所构成的过程。这些活动按一定顺序或逻辑进行，以满足客户需求。

（2）客户的参与性。大多数情况下，服务的生产过程和消费过程是同时进行的，客户往往直接参与到服务过程中。因此，客户是服务过程的一部分，在服务过程中扮演着重要的角色，并且其参与程度影响着服务的质量和效果。

（3）异质性。大多数情况下，服务是由人提供的一系列行动，不同的服务人员和客户会导致服务过程存在差异；同一服务人员面对不同客户，可能会提供不同的服务过程。

（二）服务过程的分类

根据服务人员与客户的接触程度，服务过程可以分为高接触度服务、中接触度服务和低接触度服务。高接触度服务涉及大量的人际互动，如理发服务、美容服务等；中接触度服务则有一定程度的人际互动，如银行服务、快餐服务等；低接触度服务则有相对较少的人际互动，如自动售货机服务、网络销售服务等。

根据服务场景和方式，服务过程可以分为窗口式服务、通过式服务、等候式服务等。窗口式服务需要客户通过柜台或窗口与服务人员进行交流或交易，常见于银行、火车站、景区等需要办理业务和获取信息的场所，如在人工窗口买票、取票等；通过式服务需要客户经过特定区域或设备，如乘坐自动扶梯、通过安检和检票通道等；等候式服务需要客户在接受服务前等待一段时间，如候车、就餐等。

二、服务过程中的互动和接触

在服务过程中，互动和接触是两个至关重要的环节。它们是企业与客户形成良好关系的基础，直接影响着服务质量和客户满意度。通过有效的互动和接触，企业不仅可以更好地理解客户需求，提供更优质的服务，还可以利用客户的参与和反馈来改进和优化服务过程。

（一）服务互动

服务互动是服务过程的核心要素，它涉及企业与客户之间的双向交流和合作。这种互动有助于企业取得客户的信任、识别需求、传递信息、解决问题。而互动过程中的良好体验，有助于客户对企业产生好感，进一步购买企业的服务。在服务过程中，互动一般存在于客户之间、客户与服务人员之间、服务人员之间。

1. 客户之间的互动

客户之间的互动在服务过程中是常见的，尤其是在客户需要共享服务人员、服务环境或服务设施的场景中。客户之间的互动有正面互动和负面互动，这主要取决于客户之间的行为和关系。

正面互动通常发生在客户之间互相帮助、分享经验或共同解决问题时，这种互动能够增强客户对服务体验的整体满意度。负面互动通常发生在客户之间产生争执、误解或冲突时，这种互动不仅会影响当事人的体验，还可能对其他客户和企业造成负面影响。

需要注意的是，客户之间的互动是难以预料的。为了促进客户之间的正面互动，企业可以通过营造友好的环境、提供交流机会或设立规则来引导客户行为。

2. 客户与服务人员之间的互动

客户与服务人员之间的互动是服务过程的核心环节，直接影响着客户的服务感知。例如，在律师事务所，律师必须与客户进行互动，并产生相互作用，才能创造服务价值。一般来说，客户与服务人员之间的互动主要有以下几种。

（1）友好的互动。

友好的互动通常发生在客户与服务人员之间建立了良好的沟通和关系时。一方面，服务人员在服务过程中应友好地对待客户，如耐心听取客户的需求和问题并给予积极的反馈，表现出亲切、友善的态度，快速、准确地解决客户的问题，等等。另一方面，客户在服务过程中应友好地对待服务人员，促使服务人员更加积极地为自己提供优质的服务。

（2）不友好的互动。

不友好的互动通常发生在客户不恰当地评论服务人员的工作、服务人员消极怠工时。为了改善不友好的互动，企业应通过培训服务人员、优化服务流程或采用先进的技术工具来提高沟通效率和服务质量。

（3）过于友好的互动。

过于友好的互动是指服务人员在与客户的交往中表现得过于热情、亲近，甚至超出了正常的职业界限。任何事情都有一个度，服务人员与客户之间发生过于友好的互动，可能让客户产生服务人员不够专业的想法，进而影响客户的服务感知，甚至损害企业的形象。

3．服务人员之间的互动

服务人员之间的互动体现在服务过程各个环节、各个部门的衔接与配合之中。有效的互动可以提高服务人员的工作效率、减少服务人员之间的误解和冲突，进而提升团队凝聚力。因此，企业应从以下几个方面加强服务人员之间的互动，使之成为一种习惯、一种文化。

（1）明确共同目标与价值观。

企业应确保所有服务人员都了解并认同企业的共同目标和价值观。这有助于形成统一的工作方向，使服务人员更好地为了共同目标而努力，从而加强彼此之间的合作与互动。

（2）建立有效的沟通机制。

企业应定期组织部门会议或团队会议，让服务人员有机会分享工作心得、交流经验，并讨论遇到的问题，增进彼此之间的了解，提升团队凝聚力。同时，企业还应建立内部沟通平台，方便服务人员随时随地进行在线交流，快速解决工作中的问题。

（3）提供培训平台。

企业应组织专门的团队协作培训，提升服务人员的团队意识和协作能力。同时，企业还可以组织交叉培训，让服务人员了解并熟悉其他部门的工作内容和流程，帮助彼此更好地理解对方的需求和难处，从而提升合作效率。

（4）营造和谐的工作氛围。

企业应定期组织户外拓展、聚餐等团建活动，让服务人员在轻松愉快的氛围中增进友谊，加强彼此之间的信任。

知识视窗

服务剧场理论

服务剧场理论，即将服务过程视为一个剧场表演。演出的整体效果取决于场景、演员、观众、表演等因素。

（1）场景，即企业展示的服务场景，包括服务环境、服务设施等。一个舒适、整洁、专业的服务场景能够提升客户的服务感知，增强客户对服务的信任。

（2）演员，即服务人员。服务人员的态度、专业知识与技能，及其与客户的互动方式，都会直接影响客户对服务质量的评价。

（3）观众，即接受服务的客户。在服务过程中，客户不仅被动地接受服务，也主动地参与到服务中来。

（4）表演，即客户与服务人员之间的互动。在服务过程中，客户需要根据服务人员的表现来评价服务，服务人员则需要根据客户的表现来提升服务质量。这样，客户与服务人员的互动才能顺利进行。

（二）服务接触

服务接触是指服务人员在服务过程中与客户之间发生的互动行为。客户正是在与服务人员的接触中真切地感知到服务的内容、特色及功能的。

1. 服务接触的方式

客户与企业相联系的任何时刻都可能发生服务接触，这些接触方式多种多样，共同构成了客户与企业之间互动的基础。在服务过程中，服务接触可分为以下几类，且客户在一次服务中可能同时经历多种服务接触。

（1）远程接触。

远程接触是指在服务过程中，客户通过在线平台、应用程序、服务设备等与企业发生接触的方式，如在ATM机上存取款、在自动售货机上购买商品、在自助售票机上购票等。在远程接触中，在线平台、应用程序、服务设备等的性能，对客户的服务感知有决定性的影响。这种接触方式打破了地理限制，使得客户可以随时随地购买服务，极大提高了服务的便捷性和效率。

（2）电话接触。

电话接触是指在服务过程中，客户通过电话与服务人员发生间接接触的方式，如电话订餐、电话咨询等。在电话接触中，客户接触的不仅仅有电话，还有电话另一端的服务人员。因此，服务人员的语音、语调、语气、语速、知识素养、反应等，都会对客户的服务感知产生影响。

（3）面对面接触。

面对面接触是指在服务过程中，客户面对面地与服务人员发生直接接触的方式。在面对面接触中，客户的服务感知既取决于服务人员的语言因素，也取决于服务人员的非语言因素。其中，非语言因素包括服务人员的仪表、服装、姿势、态度，以及服务人员所用的服务设备、工具等。一般来说，整洁专业的仪表和服装、训练有素的姿势、热情诚恳的态度，以及良好的服务设备、工具等，更容易使客户产生良好的服务感知。

在服务过程中，上述几种接触方式并不是孤立的，而是相互补充和结合的。企业可以根据服务特色和客户需求，灵活选择和应用服务接触的方式，以提供更加全面、高效和优质的服务。同时，企业也应注重不同接触方式之间的协同和配合，确保服务的一致性和连贯性，以提升客户的整体满意度。

2. 服务接触的质量提升

在服务过程中，企业可以运用以下策略提升服务接触的质量。

（1）培训服务人员。

企业应适当培训服务人员，使其掌握良好的专业技术、服务技能、沟通能力和应变能力，以应对不同客户的各种需求和问题。

（2）优化服务设施和服务环境。

企业应投入必要的资源，更新和维护服务设施，确保其正常运行和高效使用。同时，企业还应创设并保持整洁、舒适和温馨的服务环境，营造良好的服务氛围。

（3）管理客户关系。

企业应建立有效的客户关系管理制度，以更好地了解客户的需求和期望。通过收集和分析客户的反馈信息，企业可以及时发现服务中的问题和不足，并采取相应的改进措施。同时，通过定期与客户沟通，企业可以提供个性化的服务方案，增强客户满意度。

（4）实施礼仪规范。

企业应要求服务人员遵守礼仪规范，以礼貌、热情、诚恳的态度对待每一位客户。同时，企业还应建立服务评价体系，监督和评价服务人员的服务质量和服务态度，确保服务接触的质量得到有效保障。

海尔智家的服务接触质量提升

（5）运用科技手段。

企业应积极运用现代科技手段，如智能客服系统、自助服务设备等，缩短客户的等待时间，提高服务的响应速度。同时，企业还可以利用大数据、人工智能等技术手段，精准预测客户需求并据此进行个性化推荐，从而提升服务质量和客户满意度。

同步案例

货拉拉的服务过程

货拉拉是一家知名的互联网物流商城。用户可通过货拉拉 App 享受搬家、货运等服务，具体的服务过程如下。

（1）用户下单。用户通过货拉拉 App 选择搬家或货运服务，并填写相关的物品信息、出发地、目的地、车型等。

（2）接单与确认。搬家小哥会迅速接单，并通过电话或线上对话功能与用户联系，确认服务细节和物品信息。

（3）上门服务。搬家小哥按照约定的时间到达用户指定的出发地后，会清点用户的物品，并根据实际情况调整服务内容和价格。对于大件家具或特殊物品，搬家小哥会提供拆分、打包服务，并为用户详细地展示透明的价格。

（4）搬运与运输。搬运物品时，搬家小哥会使用专业的工具和设备，确保物品在搬运过程中不受损坏。到达目的地后，搬家小哥会协助用户将物品搬到指定位置。对于大件家具或特殊物品，搬家小哥会提供相应的归位和组装服务。

(5)费用支付。完成服务后，搬家小哥会与用户确认实际的服务费用，包括可能产生的停车费、高速费等。最终价格核定后，用户可以通过货拉拉 App 进行付款。

(6)完成与反馈。整个服务结束后，用户可以在货拉拉 App 上评价服务，帮助货拉拉不断改进服务质量。

任务二 服务流程的设计

一、服务流程的设计原则

服务流程是对服务过程中特定环节的详细规划和描述。它通常将服务过程分解为一系列具体的步骤和操作，以确保服务能够按照预定的顺序和标准进行。

"深航易行"卓越服务背后的无形之手

通过设计清晰的服务流程，企业可以确保服务的标准化和一致性，提高服务效率和客户满意度。一般来说，企业在设计服务流程时，应遵循以下几个原则。

(1)明确服务目标。企业应先明确服务目标，保证服务目标与经营理念、战略目标相一致。

(2)符合客户需求。企业必须坚持以客户为中心，针对客户的多样化需求来设计服务活动，简化流程，方便客户，以达到让客户满意的目的。

(3)效益最大化。企业应认真考虑投入与产出的关系，合理配置各种服务资源，避免资源闲置和重复劳动，从而实现服务效益的最大化。

(4)突出特色。企业应不断创新服务流程，突出服务特色，以在激烈的市场竞争中立于不败之地。

(5)增强流程的适应性。企业应确保服务流程具有一定的灵活性和机动性，以便服务人员及时应对难以预料的情况。

知识视窗

服务流程和服务过程的区别与联系

在实际经营中，服务过程和服务流程是相互依存的。服务过程为服务流程提供了整体框架和指导，服务流程则是服务过程的具体操作。通过优化服务流程，企业可以进一步完善服务过程，提升服务质量和服务效率。

以餐厅服务为例，服务过程可能包括客人进店、点餐、就餐、结账、离店等环节。服务流程则可能更具体地描述每个环节的操作步骤，如服务人员如何引导客人入座、如何为客人推荐菜品、如何上菜和收拾餐具等。

二、服务流程的设计工具——服务蓝图

（一）服务蓝图的含义

服务蓝图是一种基于流程图、能够有效描述服务流程的工具。它通过对服务流程进行合理分块，以图形化的方式逐一描绘服务实施的过程、接待客户的地点、客户与服务人员的角色，以及客户可见的服务要素等，从而全面展示服务系统的运作情况。

服务蓝图之所以被称为蓝图而不是黑图或红图，是因为其与蓝图技术在制造业、建筑业等行业的应用历史密切相关。具体来说，生产一辆汽车、一台计算机，建筑一栋房子、一座桥梁等都需要事先设计一份工程图纸，然后按照图纸来制造或施工，而这份工程图纸通常是用蓝色墨水打印的，因此被称为“蓝图”。

（二）服务蓝图的作用

服务蓝图不仅可以用来分析和改善现有的服务流程，还可以用来开发新的服务流程。作为一种服务描述语言和服务管理技术，服务蓝图具有以下重要作用。

（1）有利于树立整体观念。服务蓝图描述了整个服务流程，是一张服务全景图，有利于增强部门、团队和服务人员的整体观念。

（2）有利于进行角色分工。服务蓝图客观描述了服务流程的特点并使之具象化，使企业管理者、服务人员清楚地知道自己在服务流程中所扮演的角色和需要承担的责任。

（3）有利于提高服务质量。企业可以根据服务蓝图考核服务质量，并改进薄弱环节，从而有的放矢地提高服务质量。

（4）有利于管理客户关系。客户对服务质量的不满通常产生于服务接触之中。企业可以利用服务蓝图找出客户与服务人员的关键服务接触点及可能的潜在失误点，以便事先准备应变计划，减少意外及不能控制的情况，从而更好地管理客户关系。

（5）有利于进行服务沟通。服务蓝图中的每个环节都需要沟通，包括外部沟通（客户与服务人员之间的沟通）和内部沟通（服务人员之间的沟通）。企业可以根据服务蓝图制订沟通计划，选取合适的沟通方法，确保服务流程中的沟通更加精准、高效。

（三）服务蓝图的构成

服务蓝图由 4 个主要行为、3 条分界线及有形展示构成，具体如图 8-1 所示。其中，有形展示在服务蓝图的最上方，包括客户看到的、听到的、接触到的、用到的各种元素。

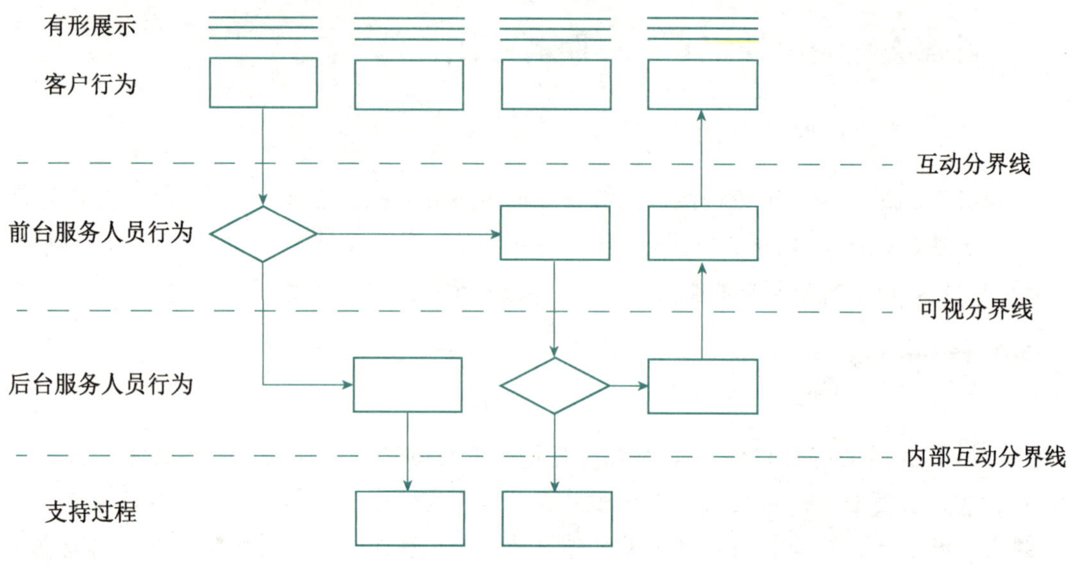

图 8-1　服务蓝图的构成

1．主要行为

（1）客户行为。客户行为是指客户在服务过程中所经历的步骤、选择、行动，以及与服务人员的互动。例如，在法律服务中，客户行为包括委托人选择代理律师、与律师通电话、与律师面谈、接收法律文件等。

（2）前台服务人员行为。前台服务人员行为是指客户能直接看到的服务人员表现出的行为。例如，在法律服务中，前台服务人员行为包括律师接待委托人、提供初步的法律咨询和指引、出具最终法律文件等。

（3）后台服务人员行为。后台服务人员行为是指客户无法直接看到的，发生在幕后、支持前台服务人员工作的行为。例如，在法律服务中，后台服务人员行为包括准备案件材料、进行法律研究、提供法律意见等。

（4）支持性行为。支持性行为是指企业为支持前台服务人员和后台服务人员的工作而准备的各种内部服务活动和互动行为。例如，在法律服务中，支持性行为包括建立与维护法律数据库、采购设备等。

2．分界线

（1）外部互动分界线。外部互动分界线表示客户与前台服务人员之间的直接互动。穿越互动分界线的垂直线表明客户与前台服务人员发生了明显的服务接触。

（2）可视分界线。可视分界线将客户能看到的服务行为与无法看到的服务行为分隔开来。在实际情况中，有些服务可能同时涉及前台服务和后台服务。因此，在设计服务流程时，企业应关注位于可视分界线上方和下方的服务数量，并考虑它们之间的相互作用和依赖关系，确保整个服务流程的流畅性，从而优化客户的服务体验。

（3）内部互动分界线。内部互动分界线将后台服务人员行为和其他支持性行为分隔开来，是企业外部服务和内部服务的分界线。如果有垂直线穿过内部互动分界线与之交叉，就意味着有内部服务接触发生。

服务贴士

在服务蓝图中，每个行为部分的方框图表示相应水平上服务人员所经历的服务步骤。那些用来连接服务行为的箭头是流向线，表明发生了服务接触，并指明了行为步骤的顺序。

（四）服务蓝图的绘制

服务蓝图的绘制是一项复杂的工作，需要整合多方资源协作完成。一般来说，服务蓝图的绘制主要涉及以下几个关键步骤。

1. 确定服务内容和服务对象

服务蓝图无法囊括所有服务，因此，企业在绘制服务蓝图前，首先需要确定具体的服务内容。例如，餐厅会提供堂食、外卖等不同形式的服务，且不同服务的服务流程是不一样的。

同时，服务蓝图是以服务对象为中心展开的。服务对象不同，服务蓝图的绘制视角也会不同。因此，企业需要确定服务对象，即定义好服务蓝图中的客户角色。例如，餐厅堂食的服务对象是食客，餐厅外卖的服务对象是外卖骑手。

2. 梳理服务流程

通过梳理服务流程，企业可以进一步认识客户，从而真实地站在客户的立场去思考问题。基于时间逻辑，客户在不同阶段需要的服务是不同的。以餐厅的堂食服务为例，客户到店后会经历“排队→落座”，客户就餐会经历“点餐→用餐”，客户离店会经历“结账→离开”。

3. 描绘客户行为

基于服务流程，企业可以描绘客户行为。企业在描绘客户的具体行为时，需要考虑以下两个因素：一是客户行为与企业是否有直接或间接的联系；二是客户行为能否通过提高服务质量进行改善。以餐厅的堂食服务为例，客户行为包括到店、就餐和离店中执行的行为或经历的选择，如图 8-2 所示。

客户行为　咨询是否有座位　领取号码牌　了解点餐流程　进行点餐　开始用餐　支付账单　离开餐厅

图 8-2　餐厅堂食服务的客户行为

4. 描绘服务人员行为

描绘完客户行为之后，企业需要画上外部互动分界线和可视分界线，然后从服务人员的角度出发描绘前台服务人员行为和后台服务人员行为。以餐厅的堂食服务为例，对应客户行为的服务人员行为如图 8-3 所示。

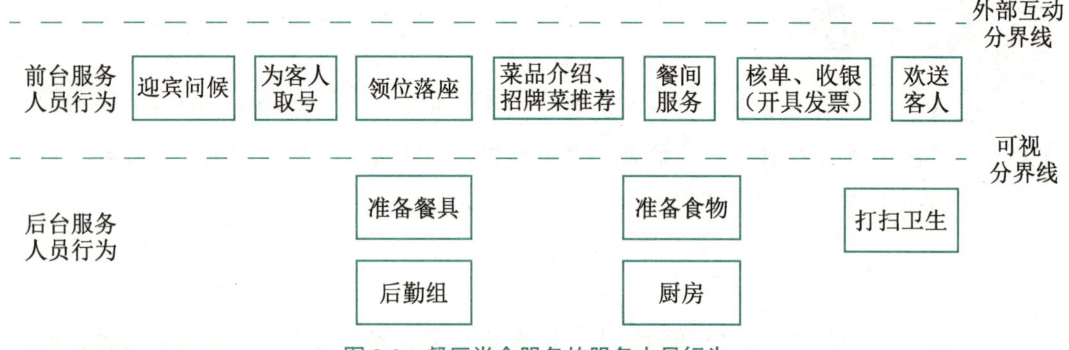

图 8-3　餐厅堂食服务的服务人员行为

5. 描绘支持性行为

描绘完服务人员行为之后，企业需要画上内部互动分界线，以清楚展示服务人员与支持系统和资源的联系，然后描绘相关的支持性行为。

支持性行为主要包括支持系统和资源等，其不会与客户有接触，是支持各项服务完成的必备条件。例如，软件供应商提供的“排队叫号系统”，可以支持服务现场的排队次序。以餐厅的堂食服务为例，其支持性行为如图 8-4 所示。

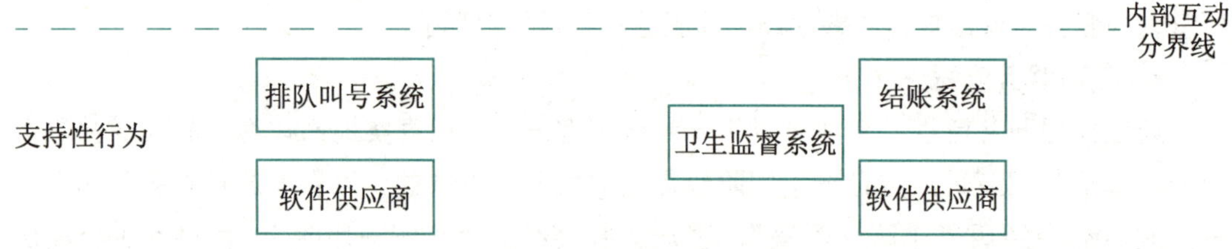

图 8-4　餐厅堂食服务的支持性行为

6. 添加有形展示

描绘完支持性行为之后，企业需要在客户行为上方添加有形展示，以说明客户看到的或享受到的有形物品。例如，餐厅门口的招牌是客户对餐厅的第一印象，有趣的招牌可以吸引客户进入餐厅。以餐厅的堂食服务为例，其有形展示如图 8-5 所示。

有形展示	门头招牌、入口迎宾员	排号等候区、迎宾员的着装	餐厅环境、领位员的态度	菜品种类、桌椅布局、服务员的态度	食物装盘、菜品味道、餐具卫生、上菜礼仪	收银速度、收银设备、收银员的态度	出行通道、出口迎宾员

图 8-5 餐厅堂食服务的有形展示

7. 联系客户行为、服务人员行为和支持性行为

添加完有形展示之后，企业需要用箭头将客户行为、服务人员行为和支持性行为有机地联系起来。以餐厅的堂食服务为例，客户行为、服务人员行为、支持性行为用箭头联系起来，即可得到餐厅堂食服务的最终服务蓝图，如图 8-6 所示。在实际经营中，企业可以再次梳理整个绘制过程，并根据实际情况拓展服务蓝图。

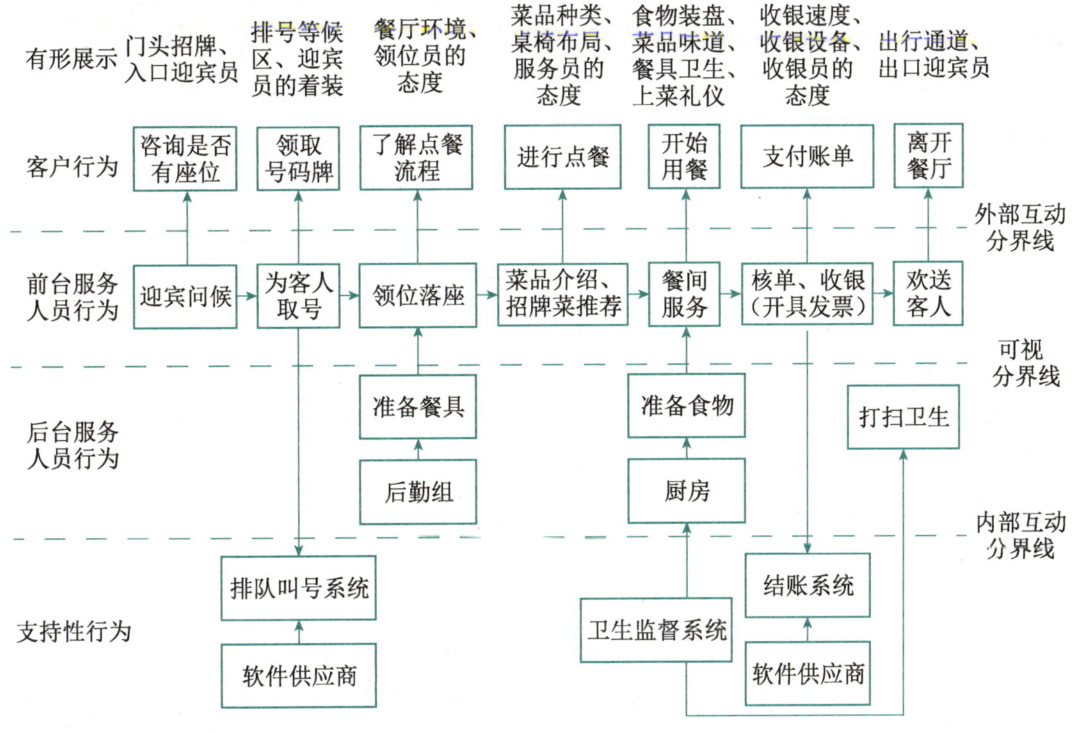

图 8-6 餐厅堂食的服务蓝图

三、服务流程的再造

服务流程再造是指企业优化或重新设计服务流程，以更好地满足客户需求、提升企业竞争力的行为。企业进行服务流程再造的目的是提高服务水平和效率，提升整体的业绩。

（一）服务流程再造的原因

一般来说，科技的进步、新的法律法规出台、市场竞争加剧、市场需求变化等外部环境，服务环节冗长、服务效率下降、内部结构调整等内部环境，都会造成服务流程运转不畅，甚至导致服务流程不再适用。因此，企业应从客户需求出发，分析、调整、改进、完善现有服务流程，甚至设计、推出全新的服务流程。

（二）服务流程再造的方式

1. 服务流程的系统化改造

服务流程的系统化改造是指企业在现有服务流程的基础上，根据客户需求或经营管理需要，局部调整现有服务流程，使其更加适应客户需求或进一步提高服务效率的过程。

服务流程的系统化改造通常包括服务环节的增减、服务流程的简化、服务顺序的调整等。当客户需求和消费行为改变不大，或者企业经营环境变动不大时，服务流程的系统化改造足以应对当前的实际需要。在这种情况下，企业不需要进行大规模的、涉及战略层面的重大调整。

一般来说，企业可按照以下步骤进行服务流程的系统化改造。

（1）识别需求。识别需求是系统化改造的第一步。企业应定期深入分析现有服务流程的运行状况，通过数据分析、市场调研、客户反馈等方式，确认现有服务流程是否满足市场和客户的实际需求。

（2）成立任务小组。企业应成立任务小组，并由相关管理人员领导，确保改造工作的有效推进。任务小组的成员应包括服务流程的直接管理人员和一线服务人员，以便从多个角度审视服务流程。

（3）确定目标。企业应根据战略规划，确定服务流程系统化改造的目标。

（4）发现问题。企业应研究现有服务流程的各个环节，发现其存在的问题，如服务步骤的合理性、支持系统的有效性等。

（5）提出改进措施。企业应针对服务流程的问题提出具体的改进措施。必要时，企业可以将有经验的客户纳入任务小组，让其参与讨论和提供建议，增强改进措施的市场接受度和实用性。

（6）提出方案。企业应根据现有资源和战略规划，在前期工作的基础上，提出可行的服务流程系统化改造方案。服务流程系统化改造方案应包括具体的实施步骤、所需资源、预期效果等。

（7）实施方案。企业应制订详细的实施计划，通过各级人员的共同努力，确保服务流程系统化改造方案能够顺利实施并取得最佳效果。

课堂讨论

快递公司新增的智能快递柜不仅提高了快递员的服务效率，也方便了人们自主取件，优化了整体服务流程。

在日常生活中，除了智能快递柜，你还能感受到哪些方便的服务流程？请说说自己的想法，并与同学们讨论。

2．服务流程的重新设计

服务流程的重新设计是指企业根据客户需求或经营管理需要，摒弃现有服务流程，从想要达成的目标出发，重新设计整个服务流程的过程。企业重新设计服务流程时，必须与自身战略目标保持一致。

服务流程的重新设计需要较高的成本和较长的时间。因此，企业只有在面临巨大变化或竞争者的巨大冲击时，才会对服务流程进行重新设计。一般来说，企业可按照以下步骤进行服务流程的重新设计。

（1）评估现有服务流程。当客户需求、经营环境、技术环境、竞争环境等发生巨大变化时，现有服务流程可能无法满足市场和客户的实际需求。这时，企业就需要重新设计服务流程。

（2）成立任务小组。在重新设计服务流程时，企业必须在高层的支持下成立任务小组。任务小组应由对本行业发展具有一定前瞻能力且工作经验丰富的人员组成，并由企业高层人员领导。

（3）确定目标。企业应在充分分析市场环境和技术变革的基础上，了解客户的现实需求，并预测客户需求的未来变化，从而确定服务流程重新设计的目标。

（4）提出方案。企业应充分了解、判断市场与经营环境，结合任务小组的讨论和修正，提出初步的服务流程设计方案。对于初步的服务流程设计方案，企业可以邀请重要客户参与讨论，最终确定一个综合各方意见、经过充分论证和优化的服务流程设计方案。

（5）实施方案。企业各级人员应共同努力，合理配置各种资源，以确保服务流程设计方案的顺利实施，最终实现预期目标。

服务贴士

在重新设计服务流程时，企业应保持开放的心态，积极吸纳新的思想和观点，不断优化和完善设计方案。同时，企业还应建立有效的沟通机制，确保各级人员和客户能够充分地了解并认可重新设计的过程和结果。

强化训练

知识检测

一、不定项选择题

1. 服务过程的特征包括（　　）。

A. 过程性　　B. 客户的参与性

C. 同质性　　D. 异质性

2. 服务过程中的互动不包括（　　）。

A. 客户之间的互动　　B. 客户与服务人员之间的互动

C. 服务人员之间的互动　　D. 企业与自然之间互动

3. 服务流程的设计原则不包括（　　）。

A. 明确服务目标　　B. 降低流程的适应性

C. 符合客户需求　　D. 效益最大化

4. 服务蓝图的作用包括（　　）。

A. 有利于树立整体观念　　B. 有利于进行角色分工

C. 有利于提高服务质量　　D. 有利于管理客户关系

5. 服务蓝图的主要行为自上而下分别是（　　）、前台服务人员行为、后台服务人员行为、支持性行为。

A. 服务需求　　B. 竞争环境

C. 客户行为　　D. 战略目标

6. 在服务过程中，企业提升服务接触质量的策略包括（　　）。

A. 培训服务人员　　B. 管理客户关系

C. 实施礼仪规范　　D. 优化服务设施和服务环境

二、判断题

1. 同一服务人员面对不同客户，可能会提供不同的服务过程。（　　）

2. 服务接触是指服务人员在服务过程中与企业发生的互动行为。（　　）

3. 客户在一次服务中只会经历一种服务接触。（　　）

4. 服务蓝图是一种基于流程图、能够有效描述服务流程的工具。（　　）

5. 通过设计清晰的服务流程，企业可以确保服务的标准化和一致性，提高服务效率和客户满意度。 （　　）

三、简答题

1. 简述服务过程的分类。
2. 简述服务蓝图的绘制步骤。
3. 简述服务流程再造的原因。

案例分析

全流程金牌服务助力企业轻装上阵

“原以为办手续会很麻烦，没想到一会儿就把营业执照拿到手了。”一位居民对某市市场监管局示范区分局的登记、注册和行政审批窗口的办事效率赞不绝口。

该分局以标准办、一窗办、快捷办、免费办、便利办、网上办、上门办、拓展办、帮扶办、集群办、联合办等为目标，高标准推进“企业开办+N 项服务”，将更多服务事项纳入企业开办平台，实现线下“一窗通办”、线上“一网通办”，做到半个工作日办结，并免费给企业发放电子营业执照和实体印章。同时，该分局全面实施全域通办、一照多址、一业一证、一枚公章管审批等改革，打破地域管辖限制，放宽市场准入条件，实现跨管辖机关、跨区域办理。

此外，该分局还大力推行企业简易注销“一件事一次办”改革，将企业简易注销、税务注销等事项联动办理、关联审批，进一步提高企业注销事务的便利度。

（资料来源：苗苗，《审批流程做“减法” 服务过程做“加法”》，人民网，2023 年 9 月 6 日）

结合所学知识回答以下问题：

该分局的服务流程有什么特点？

拓展实训

任务描述

以小组为单位，选择一家当地的服务企业，如酒店、医院、银行等，围绕其服务流程进行实地调研，并收集相关资料，然后结合所学知识完成以下任务。

（1）整理收集到的相关资料，了解所选企业的服务流程，分析服务流程的优缺点。

（2）尝试通过绘制服务蓝图来说明所选企业的服务流程。

（3）组织内容研讨会，集中大家的意见，并制作一份关于服务蓝图的演示文稿，然后派出一名代表在课堂上进行汇报。

任务分配

全班学生以 6～8 人为一组进行分组，各组选出组长并进行任务分工，然后将小组成员及分工情况填入表 8-1 中。

表 8-1　小组成员及分工情况

班级		组号		指导教师	
任务内容					
小组成员	姓名	学号	任务分工		
组长					
组员					

任务实施

将实训任务的具体完成情况记录在表 8-2 中。

表 8-2　实训任务完成情况记录表

时间和任务安排	实施步骤
	1. 拆解任务，认识任务中的重点和难点，包括：
	2. 确定本组选择的企业和实地调研方法，记录本组收集的相关资料，包括：

续表

时间和任务安排	实施步骤
	3．整理收集到的相关资料，了解企业的服务流程，并对服务流程进行分块，包括：
	4．分析服务流程的优缺点，包括：
	5．针对服务本身的特点，结合所学知识，绘制服务蓝图。服务蓝图的内容如下：
	6．根据绘制的服务蓝图，说明其主要流程，包括：
	7．组织内容研讨会，集中大家的意见，总结重点内容，包括：
	8．制作演示文稿，进一步讨论并改进，包括：
	9．各小组代表在全班同学面前进行展示，教师和其他小组成员可以提问或发表意见，包括：

学习成果评价

指导教师可以根据学生的课堂表现、实际学习成果和任务完成情况对其进行评价。学生配合指导教师共同完成学习成果评价表（见表 8-3）。

表 8-3　学习成果评价表

<table>
<tr><td>班级</td><td></td><td>组号</td><td></td><td>日期</td><td colspan="2"></td></tr>
<tr><td>姓名</td><td></td><td>学号</td><td></td><td>指导教师</td><td colspan="2"></td></tr>
<tr><td>学习成果</td><td colspan="6"></td></tr>
<tr><td rowspan="2">评价维度</td><td rowspan="2">评价指标</td><td colspan="2" rowspan="2">评价标准</td><td rowspan="2">分值</td><td colspan="2">评价分数</td></tr>
<tr><td>自评</td><td>师评</td></tr>
<tr><td rowspan="4">素养评价
20%</td><td>学习态度</td><td colspan="2">刻苦认真，勇于钻研</td><td>5</td><td></td><td></td></tr>
<tr><td>纪律意识</td><td colspan="2">遵守课堂纪律，认真完成课堂作业与课后作业</td><td>5</td><td></td><td></td></tr>
<tr><td>互动意识</td><td colspan="2">积极发言，完成课堂互动</td><td>5</td><td></td><td></td></tr>
<tr><td>团队精神</td><td colspan="2">尊师爱友，积极合作，团结奋进</td><td>5</td><td></td><td></td></tr>
<tr><td rowspan="5">知识评价
20%</td><td rowspan="2">基础知识</td><td colspan="2">了解服务过程的特征和分类，熟悉服务过程中的互动和接触</td><td>4</td><td></td><td></td></tr>
<tr><td colspan="2">熟悉服务蓝图的构成，掌握服务蓝图的绘制步骤</td><td>4</td><td></td><td></td></tr>
<tr><td rowspan="3">应用知识</td><td colspan="2">能够与客户进行友好的互动</td><td>3</td><td></td><td></td></tr>
<tr><td colspan="2">能够根据实际情况绘制合理的服务蓝图</td><td>5</td><td></td><td></td></tr>
<tr><td colspan="2">能够发现服务流程中的问题，并进行服务流程再造</td><td>4</td><td></td><td></td></tr>
<tr><td rowspan="3">能力评价
30%</td><td>调研能力</td><td colspan="2">熟练应用多种实地调研方法</td><td>5</td><td></td><td></td></tr>
<tr><td>实践能力</td><td colspan="2">对所选企业了解透彻，分析深入</td><td>10</td><td></td><td></td></tr>
<tr><td>探索创新能力</td><td colspan="2">在实践过程中有新的想法或思路，有自主探究学习的意识</td><td>15</td><td></td><td></td></tr>
<tr><td rowspan="3">成果评价
30%</td><td>时间观念</td><td colspan="2">按时完成实训任务</td><td>5</td><td></td><td></td></tr>
<tr><td rowspan="2">演示文稿</td><td colspan="2">清晰流畅、重点突出、详略得当</td><td>15</td><td></td><td></td></tr>
<tr><td colspan="2">绘制的服务蓝图结构正确、内容丰富，能够展现服务的主要流程</td><td>10</td><td></td><td></td></tr>
<tr><td colspan="4">合计</td><td>100</td><td></td><td></td></tr>
<tr><td>总评</td><td colspan="3">自评（30%）+师评（70%）=</td><td colspan="3">教师（签名）：</td></tr>
</table>

项目九

加强服务营销管理，提供服务保障

项目导读

为了吸引更多的客户，企业会进行服务承诺。当服务承诺未能充分实现或出现服务失误导致客户抱怨时，企业应及时启动服务补救方案，妥善处理客户投诉，以提高客户满意度。

素养目标

（1）培养勇于担当、认真负责的职业操守。

（2）树立“客户至上”的服务意识。

知识目标

（1）了解服务承诺的含义、作用和类型，熟悉服务承诺的区分和设置。

（2）认识服务失误和服务补救，掌握服务补救的措施。

（3）了解客户投诉的内涵和性质，掌握客户投诉的处理流程。

技能目标

（1）能够正确认识服务承诺，并设置有效承诺。

（2）能够及时发现服务失误，并根据实际情况进行服务补救。

（3）能够及时安抚客户的情绪，并妥善处理客户投诉。

开篇案例

说话的艺术

吴先生为了扩大生意的市场版图，计划在外省某地投资开店。为了与当地的商业伙伴建立联系，他特意在一家酒店设宴款待了宾客。然而，宴会期间发生了一件小插曲。

当时，服务人员不小心将吴先生的筷子碰落在地，吴先生眉头紧皱，显然对此感到不悦。服务人员见状，有些紧张，试图为吴先生摆放新筷子时，又不慎将吴先生放在桌边的酒杯碰落打碎了。瞬间，吴先生脸色大变，愤怒地说："真是晦气！我第一次在外省投资，就遇到这种不吉利的事情。"服务人员不知所措地站在那里，只能连连向吴先生道歉。

就在气氛即将陷入尴尬之际，酒店领班迅速走过来，并微笑着对吴先生说："吴先生，筷子落地，'筷落'不就预示着快快乐乐的嘛！这酒杯跟着碎了，不就是为了好事成双嘛！岁岁平安，这是吉祥的兆头。所以，这预示您的投资平安又快乐！我们应该恭喜您才是。"

听了酒店领班的话后，各位宾客也纷纷附和，气氛逐渐缓和。刚才还一脸怒气的吴先生听了这番话，也转怒为喜，笑着说："说得好！借你吉言，为了这次投资，来，干杯！"

此后，吴先生的投资非常顺利，他不仅成了这家酒店的忠实客户，还将这家酒店誉为自己的幸运之地。一个服务失误由于及时有效的补救，为酒店赢得了客户的信任和喜爱。

问题思考：怎样评价酒店领班的补救措施？

任务一 服务承诺

一、服务承诺的含义和作用

（一）服务承诺的含义

服务承诺是指企业以客户满意为导向，对服务过程的各个环节实行全面承诺，并予以保证或赔付的营销行为。服务承诺通常包含以下内容：一是向客户承诺其能够从服务中得到什么，即向客户承诺服务的具体内容及服务标准；二是向客户承诺如何补偿因没有实现承诺导致客户产生的损失。

（二）服务承诺的作用

服务承诺不仅是一种营销工具，也是企业界定、控制和维护服务质量的一种方法。一般来说，服务承诺具有以下作用。

1. 有助于设立清晰的标准

服务承诺有助于企业设立清晰的标准，为服务人员提供明确的服务导向目标。通过服务承诺，企业能够将服务宗旨和期望转化为具体的行为准则，使服务人员清楚地了解自己的任务和职责。例如，比萨店的承诺是“如果你不满意你的比萨，请让我们知道，我们将改正或退款”。

2. 有助于提高服务质量

一个明确的服务承诺意味着服务人员需要承担起相应的责任和义务，为客户提供优质的服务。为了履行承诺，服务人员需要不断学习和提升自己的服务技能，关注客户的需求和反馈，并积极改进服务流程和方法。这种责任感和使命感能够激发服务人员的积极性和创造力，推动他们不断提高服务质量。

3. 有助于降低客户的风险感知

由于服务的无形性和差异性，客户通常要承担较大的风险，因此，他们希望找到可以降低不确定感的信息和暗示。而服务承诺正好可以在一定程度上降低客户的风险感知，促使客户较为放心地接受服务。

一般来说，那些安全性、可靠性要求越高的服务，服务承诺越重要。例如，航空公司承诺保证航班准点，并在非不可抗拒因素导致的延误、延期、取消的情况下补偿乘客的损失，这样的服务承诺降低了乘客的心理压力，增强了其对航空服务的信心。

4. 有助于塑造良好的形象

一个敢于推出承诺制度的企业，往往能够赢得客户的信任和好评，从而吸引更多的客户。这种良好的口碑效应有助于企业塑造良好的形象，带来更多的业务机会，进而提升企业的竞争力和市场份额。

二、服务承诺的类型

服务承诺可以分为无条件满意承诺和服务特性承诺。

（一）无条件满意承诺

无条件满意承诺，即企业对服务全程进行承诺。通过提供无条件满意承诺，企业可以向客户传递一个强烈的信号：他们对提供的服务有信心，并且愿意承担责任，以确保客户满意。例如，很多网店都承诺“先购买试用，在一定时期内如果感到不满意可以退货和全额退款”，这在一定程度上消除了网购者的不安全感，提高了其网购的积极性。

无条件满意承诺通常要求企业具备完善的客户服务体系和高效的问题解决机制，以便服务人员能够迅速、有效地响应和处理客户提出的问题。但是，无条件满意承诺并不意味着企业在任何情况下都必须无条件满足客户的要求。在实际经营中，如果客户使用服务时未遵守相关规定，那么企业有权拒绝或限制某些要求，甚至可以终止服务。

（二）服务特性承诺

服务特性承诺，即企业对服务的某个特性进行承诺。服务的特性可能包括服务的响应时间、准确性、专业性、安全性等。例如，快递公司承诺在特定时间内将包裹送达客户手中，汽车站承诺无论有多少乘客都准时准点发车，等等。

三、服务承诺的区分

企业需要区分无效承诺和有效承诺，以确保其服务承诺既符合实际情况，又能满足客户的期望和需求，进而提升客户满意度。

无效承诺是指那些因各种原因而无法履行或不具备法律效力的服务承诺。这类承诺不仅无法给客户带来实际的保障，还可能引发客户的不满和投诉，对企业的形象和声誉造成负面影响。

相比之下，有效承诺是指那些能够明确表达企业意图、符合法律法规且能够被实际履行的服务承诺。这类承诺可以给客户带来明确的期望和保障，有助于提升企业形象和声誉。一般来说，有效承诺具有以下特征。

（一）容易理解

有效承诺应是容易理解的，即容易在客户和服务人员之间进行传递和沟通。例如，某餐厅以快速取胜，承诺“快速！否则免费”，即饭菜会在 15 分钟内完成，否则将免费。这种承诺不仅让客户清楚了需要等待的时间，也让服务人员明确了工作任务，提高了工作效率。

相反，如果服务承诺冗长，或包含过多的限制条件，以至于无论客户还是服务人员都弄不清楚服务承诺的具体内容，那么服务承诺的效果会大打折扣。

（二）容易操作

有效承诺应是容易操作的。如果服务承诺的操作过程复杂，需要客户耗费大量的时间和精力，他们就会感到厌烦和不满，甚至放弃使用服务。特别是在服务价值相对较低的情况下，客户更加会权衡时间成本和精力成本，认为这样的投入不值得。例如，某保险公司的服务承诺很诱人，但理赔时需要客户提供大量的证明材料，并经历烦琐的程序，导致部分客户望而生畏，甚至选择放弃。

（三）有意义

有效承诺应是有意义的，即能够为客户带来真正的价值。客户需要感受到企业所提供的服务承诺是独特且有价值的。例如，银行承诺提供安全可靠的在线银行服务已成为行业标准，几乎所有银行都能满足这个基本承诺。因此，这种承诺是没有意义的。相反，银行承诺提供专业的咨询和建议，帮助客户量身定制理财方案。这种承诺是有意义的，可以吸引更多客户。

课堂讨论

某酒店推出“睡不着我买单”计划，即客人如果无法入睡可不支付住宿费。为了这个计划，该酒店进行了一系列调整：将客房设在5楼以上，并安装隔音玻璃来隔离噪声；提供特别定制的床垫和不同类型的枕头；设立“睡眠管家”职位，专门解决客人的睡眠问题；提供付费的睡前按摩服务。

你如何看待该酒店推出的“睡不着我买单”计划？请说说自己的想法，并与同学们讨论。

知识视窗

服务承诺的误区

（1）过度承诺。企业为了吸引客户，可能会做出超出自身实际能力的承诺。当企业无法兑现承诺时，客户会感到不满和失望。

（2）忽视客户需求。如果企业只关注自身的服务标准，忽视客户的真实需求，即使服务承诺再完美，也难以赢得客户的满意。

（3）忽视承诺的可持续性。服务承诺应是长期的、稳定的，而不是短期的、临时的。企业如果只关注眼前的利益，忽视承诺的可持续性，那么自身的发展会受到一定的负面影响。

四、服务承诺的设置

服务承诺的设置是一个系统性的过程，旨在明确和规范企业对客户的服务标准和保障。因此，企业应充分考虑客户需求、自身能力、市场环境等因素，以确保为客户提供优质的服务体验和保障。

（一）明确服务宗旨和目标

服务宗旨和目标反映了企业的价值观和对客户的承诺，是服务人员为客户提供优质服务的前提。在设置服务承诺时，企业需要明确自己的服务宗旨和目标，为进一步确定服务承诺的核心内容和方向打下基础。

（二）分析客户的需求和期望

分析客户的需求和期望是设置有效承诺的关键。只有从客户的角度出发，考虑他们的需求和期望，服务承诺才能真正有效。因此，企业应通过市场调研、客户反馈等方式，收集客户对服务的意见和建议，以便更好地满足他们的需求和期望。

（三）制订具体的服务承诺

企业可以根据客户的需求和期望，并结合实际情况制订具体、明确的服务承诺。一般来说，服务承诺的内容应涵盖服务的具体事项、范围、标准、时限等，确保客户能够清楚地了解并感知企业的服务保障。

同步案例

S酒店的服务承诺

我们酒店深知，优质的服务是赢得客户信任与满意的关键。因此，我们郑重向每一位尊贵的客户做出以下服务承诺。

（1）真诚待客，用心服务。我们承诺，会以真诚、热情的态度对待客户，始终关注客户需求，提供细致入微的服务，确保客户感到宾至如归的感觉。

（2）专业水准，精益求精。我们承诺，会不断提升员工的专业素养和服务技能，努力在各个方面达到行业的最高标准，确保为客户提供高效、准确的服务。

（3）积极响应，及时解决。我们承诺，会建立完善的客户服务体系，积极响应、及时解决客户提出的问题和需求，让客户满意而归。

（4）安全保障，放心体验。我们承诺，会将客户的安全放在首位，严格执行各项安全规定和措施，确保客户安全、放心。

（5）持续改进，创新服务。我们承诺，会不断倾听客户的意见和建议，持续改进服务质量，同时积极创新服务模式，为客户提供更加优质、便捷的服务。

通过努力，我们一定能够赢得客户的信任与满意，期待与您携手共创美好未来，共同书写酒店服务的辉煌篇章！

（四）确定服务承诺的实现方式

企业应明确服务承诺的实现方式，如制订服务流程、规范服务行为、提供必要的资源和技术支持等，从而更好地履行其服务承诺，提升客户满意度。

（五）建立监督和反馈机制

企业应建立监督和反馈机制，如设立服务承诺监督台、投诉电话、举报箱等，定期检查和评估服务承诺的执行情况。同时，企业还应根据客户的反馈信息和市场变化来更新和改进服务承诺，以保持其有效性和适用性。

（六）公开服务承诺并宣传

企业应将服务承诺公之于众，通过官方网站、宣传册、社交媒体等渠道进行广泛宣传，以便客户了解并信任企业的服务承诺。

任务二 服务失误与服务补救

常言道：“智者千虑，必有一失。”企业的经营目标是追求客户满意、客户忠诚和业绩提升，但在实际经营中，服务失误是很难完全避免的。企业只要产生了服务失误，就应积极主动、及时地进行服务补救，以提高客户满意度，尽量减少客户的流失。

一、服务失误

（一）服务失误的内涵

服务失误是指企业提供的服务未达到服务承诺的标准或客户期望的行为。这意味着服务没有为客户创造足够的价值，或客户对服务过程中的实际所得感到不满意。服务失误的具体表现包括但不限于以下几项。

（1）服务不及时，即服务人员未能在客户期望或合理的时间内完成服务。

（2）服务不专业，即服务人员缺乏必要的专业知识和技能，无法解答客户的问题或提供正确的指导。

（3）服务态度不佳，即服务人员对待客户不友好、不耐心或冷漠，让客户感到不被尊重。

（4）服务错误，即服务人员在服务过程中出现的差错或失误，如信息传递错误、操作不当、服务内容不符合要求等。

（5）服务设施设备问题，即服务设施设备在功能、状态或维护方面出现问题，如服务环境不整洁、服务设施设备损坏或功能不正常等。

（二）服务失误的原因

服务失误的原因多种多样，涉及服务人员、客户及外部环境等多个方面。

1．服务人员方面

（1）服务人员的行为。服务人员的态度、专业知识和技能等都会影响服务质量。具体来说，服务人员态度冷淡、生硬，对客户需求响应不及时，缺乏主动服务的意识，没有按照行业标准或企业规定提供服务，都会导致服务失误。

不善倾听有失尊重，到手订单差点不翼而飞

（2）系统性问题。企业的服务内容、服务流程等可能存在不完善之处，如服务体系不健全、服务流程不合理等。这些系统性问题可能会导致服务过程出现疏漏或错误。

（3）内部沟通问题。企业内部各部门之间沟通不畅，或者信息传递不及时、不准确，都会导致服务失误。

2．客户方面

（1）客户期望与实际服务不匹配。客户对服务的期望可能高于企业所能提供的实际水平，导致客户对服务不满意，从而导致服务失误。

（2）客户表达不准确。客户可能无法准确表达自己的需求或期望，导致服务人员错误地理解客户的想法，最终导致服务失误。

（3）客户行为不当。有些客户可能表现出不礼貌或不当行为，如无理取闹、不遵守服务规定等。这些行为会干扰服务人员的工作，导致服务失误。

3．外部环境方面

（1）不可控因素。自然灾害、突发事件、技术故障等不可控因素，都可能使服务人员无法正常提供服务，从而导致服务失误。

（2）市场竞争。激烈的市场竞争可能导致企业为了降低成本而牺牲服务质量，或者为了争取客户而过度承诺，最终导致服务失误。

（三）服务失误的类型

1．核心服务失误和服务接触失误

根据性质和影响不同，服务失误可以分为核心服务失误和服务接触失误。

（1）核心服务失误。这类失误涉及服务本身的质量或技术问题，如服务内容不符合标准等，会直接影响客户对服务的整体评价。

（2）服务接触失误。这类失误发生在客户与服务人员的互动过程中，如服务人员态度不佳、与客户沟通不畅等，会严重影响客户的服务体验及其对服务的整体评价。

2．显性失误和隐性失误

根据可见性不同，服务失误可以分为显性失误和隐性失误。

（1）显性失误。这类失误是显而易见的，是客户能够直接感知到的，如服务中断等。显性失误通常会引起客户的不满和投诉。

（2）隐性失误。这类失误不易被客户直接察觉，但会影响客户的服务体验及对服务的整体评价，如服务环境不够舒适、服务流程不够便捷等。隐性失误需要企业或服务人员通过细致的观察、客户的反馈等来发现和改进。

服务贴士

服务失误的分类方式并不是互相独立的，一个服务失误可能同时属于多个分类。在实际经营中，企业需要全面考虑各种可能的失误类型，并采取有效的措施来预防和纠正这些失误，以提升客户的满意度和忠诚度。

（四）服务失误的后果

服务失误不仅会对客户产生负面影响，也会对企业造成损失。

1. 客户层面的后果

服务失误会直接降低客户满意度，甚至导致客户对企业失去信心并转向其他企业，从而损害客户的忠诚度。

2. 企业层面的后果

（1）经济损失。服务失误会导致客户流失、订单减少或退款请求增加，直接影响企业的营业利润。

（2）运营成本增加。服务失误使得企业需要投入更多的资源来处理其带来的后续问题，如客户投诉处理、售后服务等，增加了运营成本。

（3）品牌形象受损。服务失误会破坏企业的品牌形象，降低客户对企业的信任度和好感度。

（4）市场竞争力下降。在激烈的市场竞争中，服务失误可能使企业失去竞争优势，导致市场份额下降。

（5）发展受阻。服务失误会使企业陷入应对问题的循环中，无暇顾及创新和发展，从而影响企业的长远发展。

知识视窗

客户对服务失误的反应

客户对服务失误的反应受个体差异、服务失误的性质和严重程度等多种因素的影响。面对服务失误，常见的客户反应有以下几种。

（1）直接表达不满和抱怨。面对服务失误，有些客户可能会直接向服务人员表达他们的不满和抱怨，并希望得到即时的解决和关注。

（2）默默忍受并减少购买次数。面对服务失误，有些客户可能会选择默默忍受服务失误带来的不便，但他们会在未来的消费决策中减少对该服务的购买次数。这类客户虽然没有直接表达不满，但他们的消费行为已经传递了对服务失误的不满。

（3）寻求第三方的帮助和解决方案。面对服务失误，有些客户可能会通过社交媒体、消费者协会或相关监管部门等第三方来寻求帮助和解决方案。他们希望借助外部力量来维护自己的权益，并对服务失误进行曝光和投诉。

（4）传播负面口碑。面对服务失误，有些客户可能会向亲朋好友或社交媒体上的网友传播负面口碑。这种传播不仅会影响企业的形象和声誉，还会影响潜在客户的购买决策。

需要注意的是，客户对服务失误的反应可能不是单一的，而是多种反应的组合。此外，不同客户面对相同的服务失误也会有不同的反应。因此，企业应了解不同客户的反应，以便更好地应对和处理服务失误带来的问题。

二、服务补救

（一）服务补救的内涵

服务补救是企业为了挽回因服务失误导致的客户不满和抱怨而采取的即时性和主动性的行为。它不仅可以纠正服务失误，还可以维护和修复客户关系。一般来说，服务补救可以从以下几个方面进行理解。

（1）服务补救强调的不是内部效率，而是外部效率。也就是说，服务补救侧重于对客户的直接影响，即如何通过快速、准确和有效的服务补救来恢复客户满意度。

（2）服务补救不仅仅是解决当前的问题，更是一个持续改进的过程。通过深入分析服务失误，企业可以找出问题的症结所在，并据此重新设计和改善服务流程等，防止类似问题再次发生。

（3）服务补救是赢得客户的营销策略之一。通过有效的服务补救，企业可以提高客户的满意度和重购意愿。

（4）服务补救是一种主动的反应机制。这种反应机制要求服务人员随时发现并反映服务过程中出现的问题，帮助企业及时采取恰当的措施来进行服务补救，以减少客户的不满和损失。

（5）服务补救是一个系统，涉及企业、服务人员、客户等利益相关者。在这个系统中，监测问题、解决问题、重新设计等工作相互关联、相互促进，共同构成了服务补救的完整过程。

（二）服务补救的措施

1. 快速响应与解决问题

如果出现服务失误，服务人员要迅速做出反应，立即解决出现的问题，因为拖延可能会使客户的不满情绪升级，甚至导致客户流失。

2. 主动征求客户的意见

大多数客户不会将他们的糟糕经历主动告诉服务人员，而会直接投向竞争者的“怀抱”。因此，在服务补救过程中，服务人员应与客户保持良好的沟通，弄清楚服务失误的原因，并主动征求客户的意见，了解他们的真实需求和期望。

3. 进行服务补救培训和授权

服务人员必须明确为什么要关注服务失误，为什么要及时补救，以及如何补救。因此，企业应定期对服务人员进行服务补救培训，提升服务人员的服务意识和应对能力。一般来说，企业应重点培训服务人员以下几个方面的能力：① 及时发现服务失误和不满意客户，并引导客户参与到服务补救过程中；② 既要做好不满意客户的思想工作，又要迅速改正错误并及时做出赔偿。

此外，企业还应适当授权，使服务人员在一线服务中能够根据实际情况，主动、灵活地处理服务失误，提高服务补救的效率和质量。

4. 提供个性化的服务补救方案

针对不同类型的服务失误和客户需求，企业应提供个性化的服务补救方案，如服务升级、赠送礼品或优惠券等，以最大程度地满足客户的需求和期望，从而重建客户信任并提升客户满意度。

5. 建立有效的反馈机制

企业应建立有效的反馈机制，鼓励客户提出意见和建议。通过收集和分析客户的反馈信息，企业可以及时发现服务中存在的问题，并制订相应的服务补救措施。

6. 持续改进和学习

企业应定期总结服务补救的经验和教训，分析成功和失败的原因，并据此改进、完善服务补救措施，提升服务补救效果。此外，企业还应关注行业内的发展现状和创新方法，积极引入新的服务理念和技术，不断提升服务补救的能力和水平。

任务三 客户投诉处理

一、客户投诉的内涵

客户投诉是指客户因实际服务过程与自己的期望有差距，通过各种途径表达对服务的不满，提出具体赔偿事项，并要求相关部门给予解决和答复的行为。客户投诉是必然存在的，因为企业不可能做到让客户百分百满意，但是可以通过处理好客户投诉来提高客户满意度。

有些管理者认为客户投诉是不好的，将“零投诉”作为考核指标。其实，这种想法是错误的。客户投诉是联系客户和企业的纽带，是客户送给企业的“礼物”。从某种意义上来说，那些愿意对企业表达不满并提出意见的客户，才是期待企业做出改变、继续购买企业服务的客户。因此，企业一定要正确认识客户投诉，加强与客户的联系。

从客户投诉中完善企业服务

知识视窗

正确认识客户投诉

一个成功的企业必然会以积极的心态看待客户投诉，尊重客户意见，帮助客户解决问题，尽量减少客户的不满，甚至通过处理客户投诉赢得客户的信任。

一、把客户投诉当作信息来源

客户投诉是企业的幸运。客户带着抱怨与企业接触的同时，也免费向企业提供了如何改进服务的信息。企业应倾听客户的抱怨，询问更多有价值的信息，祈求他们的宝贵意见。

同时，一切服务新产品的开发，无一不是对客户需求的一种满足，而这些潜在的需求往往表现在客户的购买意愿和消费感觉上。因此，企业应分析客户的牢骚、投诉等，发现他们新的需求，并以此为源头开发服务新产品。

二、挖掘客户投诉的价值

客户投诉为企业提供了继续为客户服务的机会。在激烈的市场竞争中，不论客户投诉有多么“无理”，企业都应尽量满足，这已成为企业竞相争夺客户的“长胜法宝”。

三、变消极的投诉为积极的引导

企业应以开放、理解和合作的态度对待客户投诉，并通过有效的沟通和解决方案，将客户的不满转化为对服务的改进建议。

二、客户投诉的性质

在处理客户投诉前，企业首先应判断客户投诉的性质，以辨识善意的投诉与恶意的投诉，然后根据实际情况妥善处理。

（一）善意的投诉

善意的投诉，又称“建设性投诉”，主要源于客户对企业服务的不满，并希望通过投诉来解决问题或改进服务。这类投诉通常具有明确的问题和需求，会收到客户详细的描述和反馈，以便企业准确地识别问题所在，并采取相应的改进措施。

善意的投诉是企业的宝贵资源，可以帮助企业了解客户的需求和期望，发现服务的不足之处，进而提升客户的满意度和忠诚度。一般来说，大多数的客户投诉都是善意的。因此，企业在面对客户善意的投诉时，必须认真分析问题，迅速给予回复，并及时采取有效的措施进行解决和改进，从而化解危机。

（二）恶意的投诉

恶意的投诉带有明显的恶意或不良动机。这类投诉往往没有具体的问题和需求，主要因个人情绪、竞争者打压或其他不正当目的而发起。恶意投诉者可能会故意夸大事实、捏造事实或散布不实言论，以损害企业的形象和声誉。

恶意的投诉不仅无法为企业带来任何有价值的反馈，还可能给企业带来不必要的困扰和损失。因此，企业在面对客户恶意的投诉时，应保持冷静和理性，尽量缩小负面影响的扩散面，必要时还应借助法律手段维护自身的合法权益和形象。

同步案例

别再让恶意投诉坑害老实人

2021 年 6 月，一起刑事案件引起社会各界的广泛关注与讨论。在这起案件中，犯罪嫌疑人朱某利用某打车软件的系统漏洞，在几个月内通过帮其他客户投诉获取代金券的方式，恶意投诉 2 000 多名网约车司机，非法获利近 8 000 元。最终，朱某因涉嫌诈骗，被警方依法刑事拘留。

这类恶意投诉现象已经成为互联网服务平台根深蒂固的一大顽疾。例如，在二手交易平台，有人依靠恶意投诉做打车代金券的“生意”；在外卖平台，有人恶意投

诉外卖骑手，让不少外卖骑手苦不堪言。此外，在最早引入差评机制的电商领域，甚至还发展出了“差评师”这样的职业。

按理说，打车软件也好，外卖软件也罢，任何互联网服务平台设立投诉功能的初衷，都是为了维护消费者的合法权益。然而，对于那些没有坏心思，只想在真正遇到问题时正当使用投诉权的消费者而言，恶意投诉的泛滥损害了他们行使权利的空间。

（资料来源：杨鑫宇，《别再让恶意投诉坑害老实人》，中国青年网，2021 年 6 月 11 日）

三、客户投诉的处理流程

（一）认真倾听客户的抱怨

认真倾听是处理客户投诉的第一步。服务人员应以开放、耐心的态度倾听客户的不满，不打断、不辩解，确保完全理解客户投诉的意图并发现问题所在。

在倾听过程中，服务人员应及时记录客户的姓名、联系方式、投诉内容、投诉时间等关键信息，以备后续参考和分析。同时，服务人员应适时给予客户恰当的反馈，一方面表明自己正在认真聆听，并在努力思考解决方法；另一方面表明自己态度非常诚恳，愿意为其排忧解难。

（二）真诚地向客户道歉

无论责任是否在企业，一旦发生投诉，向客户表示真诚的歉意都是必要的。道歉不仅是对客户情绪的安抚，更是展现企业诚意和尊重客户的表现。通过道歉，服务人员可以缓解客户的不满情绪，为后续解决问题创造良好的氛围。

（三）对客户的遭遇表达同情

在倾听并道歉之后，服务人员要学会站在客户的立场来看待、处理问题，表达对当前情况的理解和对客户的同情，这有助于缓和气氛，进一步拉近与客户的距离，让客户感受到自己被重视、被关心。通过表达同情，服务人员可以增强客户对企业的信任，为后续解决问题奠定基础。

（四）核实投诉内容

一般来说，客户投诉时会强调那些支持自己观点的内容。因此，服务人员在了解客户投诉的主要内容后，应及时核实客户反映的内容是否属实，评估客户的投诉是否成立。

如果投诉成立，服务人员应向客户表示感谢，让客户感到其投诉意见对企业来说是很宝贵的。客户一旦受到鼓励，往往还会提出其他意见和建议，从而给企业带来更多有

价值的信息，促进企业的发展。如果投诉不成立，服务人员应通过委婉的方式帮助客户认清是非曲直，从而消除误会。

（五）提出并执行解决方案

针对客户投诉的问题，服务人员应提供具体、可行的解决方案，并在与客户协商一致后尽快执行，避免造成客户的再次不满。在提供解决方案时，服务人员应注意以下几点。

（1）掌握问题重心，分析投诉问题的严重性。服务人员应确认投诉问题的症结，并据此判断问题的严重程度及客户的期望。例如，如果客户对配送时间延迟十分不满而投诉，服务人员就必须先确认此行为是否已对客户造成经济上的损失；如果客户希望得到赔偿，服务人员就需要确认赔偿方式、赔偿金额等。

（2）明确权限范围。有些客户投诉可以由服务人员立即处理，有些则必须经过上一级负责人同意后再处理。服务人员无法即时为客户解决问题时，必须尽快将问题移交给具有决定权的负责人，避免客户因久等得不到回应而加重抱怨与不满情绪，进而导致之前为平息客户情绪所做的各项努力都前功尽弃。

（3）为客户提供选择。一般来说，问题的解决方案并不是唯一的。如果服务人员能为客户提供多种解决方案并让客户自主选择，投诉处理的效率会更高。同时，在具体实施过程中，客户亲自选择的解决方案也会得到本人的认可和积极配合。

（六）及时反省和检讨

处理完客户投诉后，企业应及时反省和检讨，包括回顾处理过程、评估解决方案、深入分析客户投诉的原因等。具体来说，企业应指派专人将客户投诉登记备案，并分析问题产生的原因。对于典型的客户投诉案例，企业还可以在一定范围内展开讨论，引以为戒。如果责任在服务人员，企业应追究其责任，并杜绝此类事件的再度发生；如果是意外事件，企业应制订危机处理的原则和方案，以便以后有章可循。

知识视窗

服务人员处理客户投诉的错误行为

服务人员在处理客户投诉时常见的错误行为有以下几种。

（1）在事实澄清前揽下责任，一味地道歉或自我批评。

（2）与客户争辩、争吵，不承认错误，言辞激烈并带有攻击性。

（3）教育、批评、讽刺、怀疑客户，或直接否定客户的意见。

（4）表示或暗示客户不重要，为解决问题设置障碍，责难客户。

（5）问一些没有意义的问题，以期找到客户的错误。
（6）避重就轻，无视客户的关键需求。
（7）言行不一，缺乏诚意，拖延时间。

强化训练

知识检测

一、不定项选择题

1．服务承诺的作用包括（　　）。
A．有助于设立清晰的标准　　B．有助于提高服务质量
C．有助于降低客户的风险感知　　D．有助于塑造良好的形象

2．有效承诺的特征不包括（　　）。
A．无条件的　　B．不易理解的
C．容易操作的　　D．无意义的

3．服务失误的具体表现不包括（　　）。
A．服务不及时　　B．服务不专业
C．服务态度友好　　D．服务错误

4．对于企业来说，服务失误的后果包括（　　）。
A．经济损失　　B．运营成本降低
C．市场竞争力上升　　D．品牌形象受损

5．服务补救的措施不包括（　　）。
A．快速响应与解决问题
B．进行服务补救培训和授权
C．提供个性化的服务补救方案
D．等待客户投诉

6．针对客户的问题和不满，服务人员在提供解决方案时应（　　）。
A．掌握问题重心，分析投诉问题的严重性
B．明确权限范围
C．为客户提供选择
D．推卸责任，保证自身利益不受损

二、判断题

1．服务补救不仅可以纠正服务失误，还可以维护和修复客户关系。（　）

2．无条件满意承诺意味着企业在任何情况下都必须满足客户的要求。（　）

3．服务承诺不仅是一种营销工具，也是企业界定、控制和维护服务质量的一种方法。（　）

4．客户投诉是不好的，企业应将“零投诉”作为考核员工的一项指标。（　）

5．服务人员的态度、专业知识和技能等都会影响服务质量。（　）

三、简答题

1．简述服务承诺的设置过程。

2．简述服务失误的原因和类型。

3．简述服务补救的内涵。

4．简述客户投诉的处理流程。

案例分析

P餐厅的沙漏

小王发现，每次在P餐厅点单后，服务人员都会郑重其事地拿出一个沙漏，并承诺在25分钟内上完所有菜品，否则剩余的菜品将免单。

有一次，小王请朋友们吃饭。25分钟过去了，还差一道菜品未上桌。这时，经理微笑着走过来解释未完成菜品的情况，并表示这道菜品免单，同时赠送两盒酸奶作为补偿。当小王和朋友们用完餐后，餐厅服务人员主动询问他们对菜品的满意度。小王的一个朋友便提到某道菜里牛肉的分量稍显不足。令人意外的是，在结账时，那道牛肉分量较少的菜品也被免单了。

结合所学知识回答以下问题：

P餐厅的做法多此一举吗？

拓展实训

任务描述

以小组为单位，模拟一个服务失误与服务补救的情景，或者个客户投诉处理的情景。

任务分配

全班学生以6～8人为一组进行分组，各组选出组长并进行任务分工，然后将小组成员及分工情况填入表9-1中。

表9-1　小组成员及分工情况

班级		组号		指导教师	
任务内容					
小组成员	姓名	学号	任务分工		
组长					
组员					

任务实施

将实训任务的具体完成情况记录在表9-2中。

表9-2　实训任务完成情况记录表

时间和任务安排	实施步骤
	1. 拆解任务，认识任务中的重点和难点，包括：

续表

时间和任务安排	实施步骤
	2．确定本组要模拟的情景类型，记录本组收集的相关资料，包括：
	3．分析收集到的相关资料，根据资料确定客户组和服务人员组，并设计基本的情景模拟脚本，包括：
	4．根据实际情况，设定服务失误的类型或客户投诉的性质（由客户组完成），并针对服务失误和客户投诉提供合适的补救措施或处理流程（由服务人员组完成），完善情景模拟脚本细节，包括：
	5．组织研讨会，集中讨论服务失误类型及相应的服务补救措施，或客户投诉性质及相应的处理流程，提出修改意见，定下最终的情景模拟脚本。修改的内容包括：
	6．按脚本进行排练，进一步讨论并改进，包括：
	7．各小组在全班同学面前进行表演，教师和其他小组成员可以提问或发表意见，包括：

学习成果评价

指导教师可以根据学生的课堂表现、实际学习成果和任务完成情况对其进行评价。学生配合指导教师共同完成学习成果评价表（见表 9-3）。

表 9-3　学习成果评价表

<table>
<tr><td>班级</td><td></td><td>组号</td><td></td><td>日期</td><td colspan="2"></td></tr>
<tr><td>姓名</td><td></td><td>学号</td><td></td><td>指导教师</td><td colspan="2"></td></tr>
<tr><td>学习成果</td><td colspan="6"></td></tr>
<tr><td rowspan="2">评价维度</td><td rowspan="2">评价指标</td><td rowspan="2">评价标准</td><td rowspan="2">分值</td><td colspan="2">评价分数</td></tr>
<tr><td>自评</td><td>师评</td></tr>
<tr><td rowspan="4">素养评价
20%</td><td>学习态度</td><td>刻苦认真，勇于钻研</td><td>5</td><td></td><td></td></tr>
<tr><td>纪律意识</td><td>遵守课堂纪律，认真完成课堂作业与课后作业</td><td>5</td><td></td><td></td></tr>
<tr><td>互动意识</td><td>积极发言，完成课堂互动</td><td>5</td><td></td><td></td></tr>
<tr><td>团队精神</td><td>尊师爱友，积极合作，团结奋进</td><td>5</td><td></td><td></td></tr>
<tr><td rowspan="6">知识评价
20%</td><td rowspan="3">基础知识</td><td>了解服务承诺的含义、作用和类型，熟悉服务承诺的区分和设置</td><td>3</td><td></td><td></td></tr>
<tr><td>认识服务失误和服务补救，掌握服务补救的措施</td><td>3</td><td></td><td></td></tr>
<tr><td>了解客户投诉的性质，掌握客户投诉的处理流程</td><td>4</td><td></td><td></td></tr>
<tr><td rowspan="3">应用知识</td><td>能够正确认识服务承诺，并设置有效承诺</td><td>3</td><td></td><td></td></tr>
<tr><td>能够及时发现服务失误，并根据实际情况进行服务补救</td><td>4</td><td></td><td></td></tr>
<tr><td>能够及时安抚客户的情绪，并妥善处理客户投诉</td><td>3</td><td></td><td></td></tr>
<tr><td rowspan="3">能力评价
30%</td><td>调研能力</td><td>熟练应用多种信息检索方法</td><td>5</td><td></td><td></td></tr>
<tr><td>实践能力</td><td>对所选模拟情景了解透彻，分析深入</td><td>10</td><td></td><td></td></tr>
<tr><td>探索创新能力</td><td>在实践过程中有新的想法或思路，有自主探究学习的意识</td><td>15</td><td></td><td></td></tr>
<tr><td rowspan="3">成果评价
30%</td><td>时间观念</td><td>按时完成实训任务</td><td>5</td><td></td><td></td></tr>
<tr><td>情景模拟脚本</td><td>情景合理，能够达到客户满意的效果</td><td>15</td><td></td><td></td></tr>
<tr><td>模拟表演</td><td>表演生动，无忘词等现象</td><td>10</td><td></td><td></td></tr>
<tr><td colspan="3">合计</td><td>100</td><td></td><td></td></tr>
<tr><td>总评</td><td colspan="2">自评（30%）+师评（70%）=</td><td colspan="3">教师（签名）：</td></tr>
</table>

参考文献

[1] 郑锐洪. 服务营销：理论、方法与案例（第 3 版）[M]. 北京：机械工业出版社，2023.

[2] 苏朝晖. 服务营销管理（第 3 版）[M]. 北京：清华大学出版社，2023.

[3] 安贺新，张宏彦. 服务营销 [M]. 北京：中国人民大学出版社，2020.

[4] 李巍. 服务营销管理：聚焦服务价值 [M]. 北京：机械工业出版社，2019.

[5] 王跃梅. 服务营销（第三版）[M]. 杭州：浙江大学出版社，2022.

[6] 郭国庆. 服务营销（第 5 版）[M]. 北京：中国人民大学出版社，2021.